GRUNDLAGEN UND GEDANKEN ZUM VERSTÄNDNIS DES DRAMAS

FRIEDRICH DÜRRENMATT: DIE PHYSIKER

von

GERHARD P. KNAPP

VERLAG MORITZ DIESTERWEG
Frankfurt am Main

Die Reihe wird herausgegeben von Hans-Gert Roloff.

ISBN 3-425-06079-1

6. Auflage 1986

Umschlaggestaltung: Reinhard Schubert, Frankfurt am Main
Druck: Oscar Brandstetter Druckerei GmbH & Co. KG, Wiesbaden
Binden: WIVB, Wiesbaden

Inhalt

I. Allgemeine Grundlagen

1. Standorte des zeitgenössischen deutschsprachigen Dramas

Die Entwicklungen und Tendenzen des deutschsprachigen Dramas seit dem Zweiten Weltkrieg können heute noch nicht einmal im Ansatz als Ganzes gesehen werden. Die Wurzeln einer nahezu unübersehbaren Vielfalt von Stilausprägungen reichen, über den gewaltsamen Bruch der Jahre von 1933 bis 1945, einmal zurück bis in die Zeit der Jahrhundertwende, zum Naturalismus und zu Gerhart Hauptmann, dann zum Expressionismus, wie er die beiden ersten Jahrzehnte des 20. Jahrhunderts zeichnet. Dieser wiederum ist nachhaltig durch die psychologische Dramatik eines Henrik Ibsen und eines August Strindberg beeinflußt, direkt oder indirekt natürlich auch durch die lange nachwirkenden formalen, sprachlichen und gedanklichen Anstöße, die jede Dramatik der Moderne ihrem eigentlichen Begründer – Georg Büchner – verdankt. Vor allen anderen Autoren des 20. Jahrhunderts aber ist es Bertolt Brecht, der mit seiner Revolution der gesellschaftlichen Funktion des Theaters, seiner Ablehnung der aristotelischen Dramaturgie, seinem Konzept der »epischen« Bühne, als entscheidender Anstoß und als radikale Herausforderung die unterschiedlichsten Talente moderner Dramaturgie geformt und beeinflußt hat.

Im Gegensatz zur aristotelischen Dramatik, wie sie bei allen Wandlungen und Modifizierungen durch die Jahrhunderte wirksam blieb, fordert Brecht eine Neuorientierung der *Funktion* des Theaters. Jene soll nicht mehr – wie auf der aristotelischen Bühne – auf den Nachvollzug von innerseelischen Vorgängen durch den Beschauer, seine Teilhabe an einer tragischen Kollision zwischen dem Individuum und einer wie auch immer gearteten Gesetzmäßigkeit hinzielen, sondern auf die kritische Bewältigung des Bühnengeschehens durch den Zuschauer. An Stelle einer Katharsis bzw. der Identifikation des Rezipienten mit der Figur ist jetzt der Denkanstoß, die kritische Eigenreflexion – Brecht nennt sie das »Weiterdenken« – intendiert. Die Bühne begibt sich somit weitgehend ihrer illusionären Funktion, das heißt: sie büßt den Anspruch ein, ›Welt‹ mehr oder minder direkt abzubilden. Statt dessen will sie eine in erster Linie *didaktische* Aufgabe erfüllen.

Versucht man, aus der Vielzahl der Phänomene des gegenwärtigen Theaterbetriebs ein gemeinsames oder partiell verbindendes Element herauszuschälen, so läge jenes, bei aller Divergenz der vermittelten *Inhalte,* in der häufig vergleichbaren mehr oder minder gesellschaftskritisch-didaktischen *Funktion* der zeitgenössischen Bühne. Nur in bezug auf das sogenannte Theater des Absurden scheint eine relativ homogene weltanschauliche Basis annehmbar. Ihm können am ehesten Wolfgang Hildesheimer und der Österreicher Thomas Bernhard zugeordnet werden. Einflüsse aber, vor allem im sprachlichen und darstellerischen Bereich, haben auch Autoren wie Dürrenmatt und Günter Grass aufgenommen. Ganz anders entstehen seit dem Ende der fünfziger Jahre in der DDR Dramen im Gefolge der Brechtschen Dramaturgie, deren Ziel die Auseinandersetzung mit der Geschichte und die Propagierung eines sozialistischen Humanitätsbegriffes ist. Stellvertretend seien hier nur die Namen Erwin Strittmatter, Peter Hacks und Heiner Müller genannt.

Sieht man jedoch von diesen Gruppierungen ab, so fehlt für das Gros heutiger Theaterproduktion die Möglichkeit angemessener Etikettierung. Die Heterogenität der Talente und die Vielfalt ästhetischer Vermittlung in den deutschsprachigen Ländern – der Bundesrepublik Deutschland, der DDR, Österreich und der Schweiz also – ist beträchtlich: Es stehen sich Vertreter der mundartlichen Gesellschaftssatire wie Martin Sperr und Franz Xaver Kroetz gegenüber. Diese wären abzugrenzen gegen die mehr oder minder dokumentarische Zeitbühne, wie sie Peter Weiss – der Autor des inzwischen nachgerade zum Klassiker der Moderne avancierten Dramas *Die Verfolgung und Ermordung Jean Paul Marats* ... (1964) – durch *Die Ermittlung* (1965), Heinar Kipphardt durch *In der Sache J. Robert Oppenheimer* (1964) oder Rolf Hochhuth durch *Der Stellvertreter* (1963) begründeten. In den Randbereich dieses Genres gehören auch Hans Magnus Enzensberger mit *Das Verhör von Habana* (1970), Tankred Dorst mit dem Schauspiel *Toller* (1968) oder Gaston Salvatore mit dem Drama *Büchners Tod* (1972). Auch die »Sprechstücke« Peter Handkes könnten einem didaktischen Grundnenner zugewiesen werden, trotz ihrer dramaturgischen Verschiedenartigkeit. Sie wollen grundsätzlich durch die Decouvrierung der traditionellen und – für Handke – überlebten Interrelation von Bühne und Zuschauer ein neues Spannungsverhältnis erreichen, sprachliche und damit gesellschaftliche Deformationen freilegen. – Ob jedoch in vielen Fällen angesichts der Experimentierfreudigkeit zeitgenössischer Bühnenautoren der traditionelle Begriff des ›Dramas‹ sich wird noch unmodifiziert halten können, sei an dieser Stelle zumindest in Frage gestellt.

Unter den Autoren der deutschsprachigen Schweiz sind es in erster Linie Friedrich Dürrenmatt und Max Frisch, die zur Prominenz des zeitgenössischen Theaters zählen. Beide begannen ihr dramatisches Schaffen praktisch unmittelbar nach der vielberufenen »Stunde Null« und sind damit, da ihre schriftstellerische Potenz unvermindert in die Gegenwart und in die Zukunft hineinwirkt, länger tätig als die meisten der genannten deutschen Autoren. Für das Werk Dürrenmatts bedeutet dies, daß es schon durch mehrere deutlich gegeneinander abzugrenzende Phasen gegangen ist, durch Standortbestimmungen und Kurswechsel, so daß man auch für die Zukunft weitere Veränderungen des dramaturgischen Konzepts erwarten darf. Frischs erstes Theaterstück *Nun singen sie wieder. Versuch eines Requiems* wurde am 29. 3. 1945 im Züricher Schauspielhaus uraufgeführt, Dürrenmatts erstes veröffentlichtes Drama *Es steht geschrieben* am 19. 4. 1947 am gleichen Ort. Frischs bislang jüngstes Stück *Biografie* wurde am 1. 2. 1968 uraufgeführt (ein neuester szenischer Text, *Triptychon,* ist im April 1978 erschienen). Dürrenmatts Komödie *Die Frist* erlebte ihre Züricher Premiere im Oktober 1977. Beide Autoren standen zunächst unter dem Einfluß Brechts. Später entsteht eine zeitweilige Wechselwirkung in ihrer Arbeit. Beide nehmen jedoch innerhalb der Theaterproduktion der übrigen deutschsprachigen Länder eine Sonderstellung ein und heben sich auch gegeneinander deutlich ab. Gemeinsam ist ihnen, daß sie sich hartnäckig einer irgendwie gearteten ideologischen Festlegung versagen. Hierin mag man, wenn man Hans Bänziger folgen will, auch das spezifisch »Schweizerische« in der Entwicklung der Werke beider erblicken. Damit jedoch, und das sei an dieser Stelle deutlich betont, enden die Gemeinsamkeiten. Eine Zusammenschau beider Autoren kann dem einen wie dem anderen letztlich nicht Genüge tun.

Frisch ist und bleibt, auch wenn einige seiner Stücke bestimmte gesellschaftliche Phänomene modellhaft darstellen, in erster Linie der Frage nach der Kontinuität und den Möglichkeiten der individuellen menschlichen Existenz verpflichtet. Bei Dürrenmatt stehen andere Inhalte im Vordergrund des Bühnenwerks. Seine Stücke sind zwar ›Lehrstücke‹, bereits früh hat er sich aber den Einflüssen Brechts und der Expressionisten weitgehend entzogen und einen eigenen Stil in der Darstellung spezifischer Themenkomplexe entwickelt. Dürrenmatt steht als Dramatiker letzten Endes für sich. Und die Vielfalt der ihm zu Gebote stehenden Mittel, die Komplexität seines bisherigen Werks dürften dazu berechtigen, schon heute, lange bevor dieses Schaffen abgeschlossen ist, von ihm zu sprechen als einem der bedeutendsten Bühnenautoren deutscher Sprache des 20. Jahrhunderts nach Brecht.

2. Dürrenmatts Dramaturgie der Komödie

Dürrenmatt hat von Anfang an den anti-ideologischen, anti-doktrinären Spielcharakter seiner Dramaturgie betont. In seiner wichtigen theoretischen Schrift, den 1954 als Vortrag konzipierten und 1955 veröffentlichten *Theaterproblemen,* umreißt er den eigenen Standort wie folgt:

»Dann möchte ich bitten, in mir nicht einen Vertreter einer bestimmten dramatischen Richtung, einer bestimmten dramatischen Technik zu erblicken, oder gar zu glauben, ich stehe als ein Handlungsreisender irgendeiner der auf den heutigen Theatern gängigen Weltanschauungen vor der Tür, sei es als Existenzialist, sei es als Nihilist, als Expressionist oder als Ironiker, oder wie nun auch immer das in die Kompottgläser der Literaturkritik Eingemachte etikettiert ist. Die Bühne stellt für mich nicht ein Feld für Theorien, Weltanschauungen und Aussagen, sondern ein Instrument dar, dessen Möglichkeiten ich zu kennen suche, indem ich damit spiele.« (*Theater-Schriften und Reden,* S. 92)

Überblickt man die theoretischen Äußerungen Dürrenmatts zum Theater, die mit seiner *Anmerkung zur Komödie* (1952) ihren Anfang nehmen, sich über die *Theaterprobleme* spannen, eine große Zahl von Reden und Notizen einschließen, die für den Zeitraum von 1947 bis 1965 in dem Band *Theater-Schriften und Reden* (1966) gesammelt vorliegen, für den Zeitraum von 1967 bis 1971 in *Dramaturgisches und Kritisches. Theater-Schriften und Reden II* (1972), so sieht man sich einer Vielfalt von Ansätzen und Argumenten gegenüber, die in der einschlägigen Literatur einige Verwirrung gestiftet hat.

Dürrenmatt hat sich selbst nie als Bühnentheoretiker bezeichnet. Dennoch darf sein Hang zum Experimentieren, zum ideologisch un-befangenen Theater-Spiel nicht darüber hinwegtäuschen, daß er im Laufe seiner praktischen Arbeit als Autor und Intendant eine Bühnentheorie entwickelt hat, deren Bedeutung und Konsequenz in der deutschsprachigen Gegenwartsliteratur ihresgleichen sucht. Sein erstes, erst 1980 veröffentlichtes Stück nannte er bezeichnenderweise bereits *Komödie* (1943), auch wenn es mit einer modernen Komödie sicherlich wenig gemein hat. Abgesehen von den frühen Dramen hat er selbst alle auf *Romulus der Große* (1949) folgenden Stücke unter der Sammelbezeichnung »Komödien« herausgegeben. Der Begriff der ›Komödie‹, den er erstmals Anfang der fünfziger Jahre definiert, ist in der Folgezeit als der Angelpunkt seiner Dramaturgie anzusehen.

Dürrenmatts Begründung der Komödie als einzig denkbarer, der Zeit angemessener Form der dramaturgischen Vermittlung geht aus vom *politischen* und *gesellschaftlichen* Befund einer Welt der Technologie, der totalitären Machtstrukturen und des Kollektivs:

»Die Tragödie setzt Schuld, Not, Maß, Übersicht, Verantwortung voraus. In der Wurstelei unseres Jahrhunderts, in diesem Kehraus der weißen Rasse, gibt es keine Schuldigen und auch keine Verantwortlichen mehr. Alle können nichts dafür und haben es nicht gewollt. Es geht wirklich ohne jeden. Alles wird mitgerissen und bleibt in irgendeinem Rechen hängen. Wir sind zu kollektiv schuldig, zu kollektiv gebettet in die Sünden unserer Väter und Vorväter. Wir sind nur noch Kindeskinder. Das ist unser Pech, nicht unsere Schuld: Schuld gibt es nur noch als persönliche Leistung, als religiöse Tat. Uns kommt nur noch die Komödie bei.« (*Theater-Schriften und Reden,* S. 122)

Bereits in diesem kurzen Zitat zeichnen sich die radikalen Unterschiede zur Theatertheorie des 18. und 19. Jahrhunderts deutlich ab. Die vormals noch mögliche und das heißt, denk- und spielbare Konzentration von Schuld und Verantwortung im geschichtlichen Exponenten, der in der Konfrontation von Individuum und Kollektiv bzw. Geschichte Gestalt gewordene, in der Idee komprimierte tragische Konflikt finden nicht mehr statt. Aber auch Differenzen zu Brechts Dramaturgie, die ausgeht von der Präsenz berechenbarer – und damit spielbarer – gesellschaftlicher bzw. ökonomischer Prozesse, deren Exponenten (man denke an Galileo oder Mutter Courage) sehr wohl derart angelegt sind, daß sie bei entsprechender Inszenierung ins (auch ungewollt) Tragische hinübergespielt werden können, werden sichtbar.

Dürrenmatt hat seine Konzeption heutiger Gesellschaftssysteme – der westlichen wie der östlichen –, ihrer industriellen, technologischen und letztlich totalitären Verfilzung in dem späteren *Monstervortrag über Gerechtigkeit und Recht* (1969) präzisiert. Im wesentlichen ist sie in den früheren dramaturgischen Äußerungen schon angelegt. Sie bildet die gesellschaftliche und weltanschauliche Legitimation seiner Ablehnung des herkömmlichen Tragödienbegriffs. Die zweite Begründung für seine Wahl der Komödie liegt im *ästhetischen* Bereich. Aufbauend auf der theatergeschichtlichen Entwicklung der zwanziger Jahre, in der Gesellschaftskritik sich fast ausschließlich der Komödie bediente, aber auch auf Anstößen Thornton Wilders, Luigi Pirandellos und möglicherweise später Ionescos und Becketts, verweist er auf ein neues Bewußtsein der Autonomie der Bühne: »Wir schreiben heute bewußt Theater, wir wissen, daß wir Theater machen, und darum schreiben wir Komödien.« (Aus einem Interview des Jahres 1972).

Ein drittes Argument ist von Bedeutung für Dürrenmatts Begründung der Komödie: Kunst folgt, im Gegensatz zu Politik und Wissenschaft, ihren eigenen Regeln. Moderne Wissenschaft ist überwiegend zweckorientiert, so wie Politik in der Regel entweder ökonomisch und/oder ideologisch untermauert wird. Allein in der Kunst können noch die Motive und Hintergründe plausibel dargestellt werden, die zu einem Sachverhalt führen. Das Erkennen aber dieser Kausalität konstituiert für Dürrenmatt einen wesentlichen Bestandteil der Freiheit des Individuums: »Die Wissenschaft sieht allein das Resultat: Den Prozeß, der zu diesem Resultat führte, kann der Dramatiker nicht vergessen.« (*Theater-Schriften und Reden,* S. 94). –

Dürrenmatts Dramaturgie geht aus von einem »Einfall«, einer *möglichen Konstellation.* In dieses Segment einer bühnentechnisch antizipierten Wirklichkeit bricht in der Regel, veranlaßt durch eine Kette von Zufälligkeiten oder »Pannen« (angespielt wird hier auf den modellhaften Hörspieltext *Die Panne* [1956]), eine für die Beteiligten schicksalhafte Wirkung ein. Das Schicksal tritt indirekt ins Geschehen, in Form von Unfall, Krise, Versehen und Krankheit. Werte wie Recht und Gerechtigkeit werden ihrer für alle verbindlichen Bedeutungen enthoben und haben, ebenso wie das Phänomen der Gnade, nur noch für das Individuum Belang:

> »Schon an seiner Figur erweist sich, daß Schuld, Gerechtigkeit und Sühne für *Dürrenmatts* Dramenfiguren nicht mehr in aller Eindeutigkeit erkennbar und erfaßbar sind. Auch sie haben nicht mehr jene lebens- und schicksalsbestimmenden Wirkungen, die ihnen das Drama früherer Epochen selbstverständlich und unbestritten zugestand. [...]
>
> Die heutige Welt ist eine Welt der Pannen. Anstelle der einstigen Mächte Gott, Gericht, Gerechtigkeit und Gnade entscheiden Pannen, Zufälle über Leben und Tod, Glück oder Verderben des einzelnen oder vieler. Nicht Schicksal als Unergründliches geschieht, sondern

Mißgeschick (wie eben eine Panne) löst Folgen von existenzentscheidender Tragweite aus. Die einstigen Wertvorstellungen sind an den Rand der Wirklichkeit gedrängt: Gericht als makabres Spiel seniler Greise; Gerechtigkeit und Gnade nur noch momentan und zufällig im Monokel des betrunkenen Staatsanwalts [...].« (Motekat, S. 165)

Die Komödie Dürrenmatts führt durchweg paradoxe, scheinbar unglaubhafte Konstellationen vor. Hierdurch ergibt sich bereits der notwendige Verfremdungseffekt, der für den Autor »im Stoff selbst« liegt. Komödie bedeutet kraft ihrer Handlung »das verfremdete Theater an sich« und erschwert derart eine Identifikation des Zuschauers mit dem Vorgang auf der Bühne. Keineswegs schließt diese Distanz jedoch die kritische Teilhabe des Rezipienten aus. Gerade durch die paradoxe Anlage eines *möglichen* Sonderfalles wird der Zuschauer auf die Wirklichkeit zurückgeworfen, deren »schlimmstmögliche Wendung« ihm die Komödie vorführt.

Auch der Verantwortung weicht der Komödienautor keineswegs aus. Wie es gerade *Die Physiker* und *Der Besuch der alten Dame* (1965) – die beiden Stücke also, die Dürrenmatt zunächst zum Weltruhm verhalfen – zeigen, liegt jene in letzter Instanz immer beim Einzelnen. Möbius und Alfred Ill, die jeweils auf ihre Weise die Verantwortung für Prozesse und Zusammenhänge übernehmen, für die sie keineswegs ausschließlich verantwortlich sind, müssen in der Tragik des eigenen Unvermögens enden: des Unvermögens, eben diese Prozesse in eine andere als die denkbar schlimmste Richtung zu lenken. Tragik findet sich also immer und nur beim Individuum, das bewußt für die Pannen des Gemeinwesens einsteht:

»Doch ist das Tragische immer noch möglich, auch wenn die reine Tragödie nicht mehr möglich ist. Wir können das Tragische aus der Komödie heraus erzielen, hervorbringen als einen schrecklichen Moment, als einen sich öffnenden Abgrund, so sind ja schon viele Tragödien Shakespeares Komödien, aus denen heraus das Tragische aufsteigt.« (*Theater-Schriften und Reden,* S. 122f.)

›Tragödie‹ schleicht sich derart bei Dürrenmatt oftmals durch die Hintertür ein. Ihre Ursprünge liegen nicht beim Schicksal, nicht im total vergesellschafteten Kollektiv, sondern beim *Zufall,* dem Resultat des dramaturgischen *Einfalls.* Und nur derjenige, der sie *bewußt* sich zu eigen macht, wird Opfer und Exponent zugleich einer tragischen Entwicklung, die wie ein roter Faden die Komödienstruktur durchzieht. Nicht umsonst nennt Dürrenmatt seinen ersten Welterfolg, den *Besuch der alten Dame,* im Untertitel eine »tragische Komödie«.* Hier wird erstmals das Genre beim Namen genannt, dem die überwältigende Mehrzahl seiner Stücke zugehört. Zu dem noch keineswegs erschöpfend in Anlage und Wirkung beschriebenen Genre der modernen *Tragikomödie* merkt Fritz Martini an:

* Vgl. den ebenfalls in dieser Reihe erschienenen Band zum *Besuch der alten Dame* von Sigrid Mayer (MD-Nr. 6080).

»Die Tragikomödie, das ihr eingeschlossene Element der inneren Desillusionierung, des Parodistischen, gibt Impulse des Spiels frei, die zum Komödiantisch-Kabarettistischen führen [...]. Der Untergang des alten realistischen Illusionismus zeigt sich ebenso darin, wie das Pantomimische, Akrobatische, Skurrile, Paradoxe, komödiantisch Mimische und Imaginative wieder einen Raum gewinnen darf – eine Spielfreiheit, die auch einen drohenden Protest gegen die determinierte Wirklichkeit unserer Tage einschließt. In dem Lachen der Ironie, der Farce, der Clownerie, der Tragi-Komödie verbirgt sich eine Provokation, eine Herausforderung und eine Widerspruchserfahrung, die umso schmerzlicher ist, da sie unauflöslich erscheint.« (Martini, S. 103)

3. Paradoxie und das Groteske

Stil- und Darstellungsmittel, den dramaturgischen Einfall ins Werk zu setzen und in der Antizipation von Wirklichkeit einen exemplarischen Anspruch zu erheben, ist für Dürrenmatt das Groteske. Der Autor selbst beschreibt die zugleich distanzierende und aktualisierende Funktion des Grotesken in einer frühen Notiz, in der er vermerkt, er verwende das Groteske »eben der Distanz zuliebe, die *nur* durch dieses Mittel zu schaffen ist. Es ist nicht zufällig, daß Aristophanes, Rabelais und Swift kraft des Grotesken ihre Handlungen *in* ihrer Zeit abspielen ließen, Zeitstücke schrieben, *ihre* Zeit meinten. Das Groteske ist eine äußerste Stilisierung, ein plötzliches Bildhaftmachen und gerade darum fähig, Zeitfragen, mehr noch, die Gegenwart aufzunehmen, ohne Tendenz oder Reportage zu sein.« (*Theater-Schriften und Reden,* S. 136) Die Dürrenmatt-Forschung hat gerade bei der Diskussion des Phänomens des Grotesken viel Verwirrung gestiftet. Es wurde – völlig zu Unrecht – als Ausdruck einer absurden Weltsicht gedeutet. Nichts könnte falscher sein, denn Dürrenmatt ist kein Autor absurdistischer Stücke. Das Groteske wurde auch als philosophische bzw. weltanschauliche Basis verstanden, geradezu als ontologisches Zentrum der Dürrenmattschen Dramaturgie. Diese Annahme beruht jedoch auf einem Mißverständnis der Sachlage. Dürrenmatts eigene Anmerkungen haben dieses Mißverständnis stellenweise gefördert. Eine Passage wie die folgende bedürfte zumindest einer stärkeren kontextuellen Verankerung:

»Unsere Welt hat ebenso zur Groteske geführt wie zur Atombombe, wie ja die apokalyptischen Bilder des Hieronymus Bosch auch grotesk sind. Doch das Groteske ist nur ein sinnlicher Ausdruck, ein sinnliches Paradox, die Gestalt nämlich einer Ungestalt, das Gesicht einer gesichtslosen Welt, und genau so wie unser Denken ohne den Begriff des Paradoxen nicht mehr auszukommen scheint, so auch die Kunst, unsere Welt, die nur noch ist, weil die Atombombe existiert: aus Furcht vor ihr.« (*Theater-Schriften und Reden,* S. 122)

Das Groteske als ein Mittel der Darstellung von Vorgängen ist grundsätzlich – und hier sein kategorialer Unterschied zum Absurden – an das Vorhandensein einer empirischen und damit verbürgten Realität gebunden. Indem es die Kontinuität dieser Realität sprengt – sie momentan aufhebt –, stellt es ihre grundsätzliche Zuverlässigkeit in Frage. Um sie jedoch zu sprengen, bedarf es des Zusammenpralls verschiedener Faktoren, deren Zusammenwirken bzw. Zusammensein empirisch nicht vorgesehen ist. In den *Physikern* entpuppt sich die Absicht des Johann Wilhelm Möbius, die Menschheit vor seiner Erfindung durch die Flucht ins Irrenhaus zu schützen, als groteske Fehlleistung. Die Patienten erweisen sich als Gesunde, die Psychiaterin als geistesgestört: das jeweils empirisch nicht zu Erwartende tritt ein. Programmierungen, die der Vernunft entspringen, werden verkehrt. Der Vorgang ist paradox im engeren Wortsinn, das heißt: er widerspricht dem ›gesunden Menschenverstand‹. Erscheint ein paradoxes Geschehen wie dieses auf der Möglichkeitsbühne Dürrenmatts, so hat man den erzielten Effekt als *grotesk* zu bezeichnen. Ambivalent wie die *Folgen* des grotesken Vorgangs (der ja für den Irrsinn Triumph, für den empirischen Planer tragisches Scheitern bedeutet) sind auch seine *Wirkungen* beim Beschauer: der janusköpfige Effekt schließt ein befreiendes Gelächter (des Unglaubens?) ebenso ein wie den Schrecken über die fatale Konsequenz.

Nun wurde dieser Doppeleffekt des Grotesken vielfach beschrieben. Übersehen hat man bislang jedoch die sich aus der Konvergenz von Grauen und Erheiterung ergebende *emanzipatorische Konsequenz* beim Betrachter. Und hier scheint der eigentliche Stellenwert des Grotesken in der modernen Tragikomödie Dürrenmatts zu liegen. So wie eine groteske Sprachbildung in ihrer implizierten Ideologiekritik den Anstoß zum Weiterdenken in sich trägt, so scheint für Dürrenmatt im Grotesken durch die dort gegebene *Objektivierung einer Möglichkeit* (»Das Groteske ist eine der großen Möglichkeiten, genau zu sein. Es kann nicht geleugnet werden, daß diese Kunst die Grausamkeit der Objektivität besitzt, doch ist sie nicht die Kunst der Nihilisten, sondern weit eher der Moralisten [. . .].« [*Theater-Schriften und Reden*, S. 137]) am ehesten gewährleistet, daß der Rezipient durch die extreme, spektakuläre Darstellung des Widersinnigen sich seiner möglichen Konsequenzen bewußt werde.

4. Die gesellschaftliche Funktion des Theaters

In der Dürrenmatt-Forschung ist viel vom Phänomen des »mutigen Menschen« die Rede gewesen. Möbius und Alfred Ill aus dem *Besuch der alten Dame* sind Beispiele von mutigen Menschen, denen es gelingt, im Angesicht einer grotesken, hoffnungslosen Konstellation zur Objektivierung der eigenen Situation und damit zur privaten Überwindung einer kollektiven Katastrophe zu gelangen. Die Präsenz eines *deus absconditus*, der sich nur im Individuum verwirklicht, zeigt vielleicht am schärfsten Dürrenmatts frühe Erzählung *Der Tunnel* (1951). Aber auch die Stücke verweisen immer wieder darauf, daß eine Lösung nur vom Einzelnen ausgehen kann, daß sie, wie der Glaube, vom ständigen Zweifel überschattet bleiben muß:

»Doch der Zufall auf der Bühne Friedrich Dürrenmatts dient nicht nur als Vorzeigeinstrument dieser Bühnendramaturgie. Er verhindert auch, daß die Dialektik des dramaturgischen Denkens, als Ergebnis der gegenseitigen Bedingung von Zweifel und Glauben, zum schematischen Dreiklang erstarrt. Verhindert schon die dialektische Beziehung von Zweifel und Glauben die ideologische Fixierung, bleibt also der – vielleicht – erreichte Glauben immer ein vom Zweifel angenagter Glauben, so dient der Zufall, wie eine zusätzliche Sicherung der Freiheit, selbst noch der Zersprengung einer möglichen Ideologisierung der dialektischen Dramaturgie.« (Heinz Ludwig Arnold, S. 24)

Der Autor selbst äußert sich zur Frage des »mutigen Menschen« in jener vielzitierten Stelle:

»Es ist immer noch möglich, den mutigen Menschen zu zeigen.
Dies ist denn auch eines meiner Hauptanliegen. Der Blinde, Romulus, Übelohe, Akki sind mutige Menschen. Die verlorene Weltordnung wird in ihrer Brust wieder hergestellt, das Allgemeine entgeht meinem Zugriff. Ich lehne es ab, das Allgemeine in einer Doktrin zu finden, ich nehme es als Chaos hin. Die Welt [die Bühne somit, die diese Welt bedeutet] steht für mich als ein Ungeheures da, als ein Rätsel an Unheil, das hingenommen werden muß, vor dem es jedoch kein Kapitulieren geben darf.« (*Theater-Schriften und Reden,* S. 123)

Die entscheidende Aufgabe des Einzelnen, »die Welt zu bestehen« formuliert Dürrenmatt in dem 1965 gehaltenen Vortrag *Vom Sinn der Dichtung in unserer Zeit*. Wenn seine Texte bis hin zur Mitte der sechziger Jahre immer wieder die letzte Verantwortung für eine menschenwürdige Welt – und damit für die Kraft des Glaubens – auf das Individuum zurückwerfen, so ist danach eine klare Wende zu verzeichnen – an ihrem Schnittpunkt steht vielleicht der *Monstervortrag über Gerechtigkeit und Recht* –, eine Erweiterung des privaten Rechtsdenkens zu einer allgemein verbindlichen Maxime. In den jüngeren Texten, vor allem in *Der Mitmacher* und in *Zusammenhänge. Essay über Israel. Eine Konzeption* (1976) besteht Dürrenmatt unmißverständlich darauf, daß aus der Freiheit des Einzelnen eine Freiheit für alle werde. Die Emanzipation der Menschheit zur globalen Vernunft, die der *Monstervortrag* fordert, wird im grausigen Gegenbeispiel des *Mitmacher* verneint, im Israelessay durch eine Dramaturgie der Politik immerhin in den Bereich des Möglichen gerückt. Dürrenmatt, dessen Beteiligung am Weltgeschehen von Anfang an feststand, fordert immer deutlicher das Engagement seiner Leser.

II. Friedrich Dürrenmatt: Notizen zur Biographie und Werkgeschichte

1. Chronologische Übersicht

1921 Friedrich Dürrenmatt wird am 5. 1. in Konolfingen (Kanton Bern) als Sohn des Pfarrers Reinhold Dürrenmatt und seiner Frau Hulda Dürrenmatt-Zimmermann geboren. Sein Großvater war der bekannte Dichter und Lokalpolitiker Ulrich Dürrenmatt (1849–1908), Redakteur der »Berner Volkszeitung« und (1902) Abgeordneter im Schweizer Nationalrat. In Konolfingen besucht Dürrenmatt die Primarschule, später die Sekundarschule in Großhöchstetten. Bereits frühzeitig entwickelt sich sein Talent zum Malen und Zeichnen.

1935 Übersiedlung der Familie nach Bern, wo der Vater die Stelle eines Seelsorgers am Salemspital übernimmt. Friedrich besucht von 1935 bis 1937 das Berner Freie Gymnasium, dann wird er ins Humboldtianum umgeschult, wo er 1941 die Maturitätsprüfung besteht. Studium der Philosophie und Literaturwissenschaft zunächst in Zürich, nach einem Semester dann in Bern. Endgültiger Entschluß, nicht Maler zu werden.

1943 Beginn der schriftstellerischen Arbeit. Entstehung des Erstlingsdramas *Komödie* und der Prosatexte *Weihnacht* und *Der Folterknecht*. Die Erzählung *Der Alte* ist die erste Veröffentlichung im Berner »Bund« (1945).

1946 Vom Winter 1946 bis 1948 lebt Dürrenmatt in Basel. Es entstehen die ersten Dramen *Es steht geschrieben* (1946) und *Der Blinde* (1947) sowie das Hörspiel *Der Doppelgänger* (1946). Uraufführungen der Dramen am 19. 4. 1947 im Schauspielhaus Zürich bzw. am 10. 1. 1948 im Stadttheater Basel.
Dürrenmatt heiratet die Schauspielerin Lotti Geißler. Das Ehepaar verbringt die nächsten Jahre im Dorfe Ligerz am Bieler See. 1952 zieht die Familie mit drei Kindern nach Neuchâtel um, wo sie bis heute ein Haus über dem See bewohnt. Dürrenmatt verfaßt drei Sketchs und ein Chanson für das Züricher »Cabaret Cornichon«; er arbeitet Anfang der fünfziger Jahre auch als Theaterkritiker für »Die Weltwoche«. Die Anfangsjahre des freien Schrifstellers stehen im Zeichen wirtschaftlicher Unsicherheit.

1948 Durch Hörspielaufträge des deutschen Rundfunks ist das Auskommen möglich. Dürrenmatt arbeitet an der Komödie *Romulus der Große*, die am 25. 4. 1949 in Basel mit Erfolg uraufgeführt wird. 1951 entsteht die wichtige Erzählung *Der Tunnel*. Ab dem 15. 12. 1950 erscheint im »Schweizerischen Beobachter« der erste Detektivroman *Der Richter und sein Henker* in Fortsetzungen. Er und sein Schwesterwerk *Der Verdacht* (1951) werden später in preiswerten Taschenbuchausgaben publiziert und sichern dem Autor einen großen Leserkreis.

1952 Am 26. 3. Uraufführung der Komödie *Die Ehe des Herrn Mississippi*, die sich bereits mit der für Dürrenmatt spezifischen Problematik von Recht und Gerechtigkeit im größeren Rahmen einer Konfrontation westlicher und östlicher Ideologien auseinandersetzt. Für das spätere Werk entscheidende Themen sind hier erstmals konsequent durchgeführt. Die Komödie wird 1961 verfilmt. Die Hörspiele *Nächtliches Gespräch mit einem verachteten Menschen* und *Stranitzky und der Nationalheld* werden geschrieben. Besonders letzteres ist Ausdruck einer zunehmend politischen und gesellschaftlichen Parteinahme. – Mit den *Anmerkungen zur Komödie* (»Die Weltwoche« vom 22. 2. 1952) beginnt die dramaturgische Standortbestimmung, die noch heute keineswegs abgeschlossen ist. *Ein Engel kommt nach Babylon* wird am 22. 12. 1953 in den Münchner Kammerspielen uraufgeführt.

1955 Zum ersten uneingeschränkten Welterfolg wird *Der Besuch der alten Dame* (Uraufführung am 29. 1. 1956 im Schauspielhaus Zürich). Die Aufführungen in Bern (1959) – bei der der Autor selbst Regie führt –, Milano (1960) und am New Yorker Broadway (1958) werden, wie oft bei Stücken Dürrenmatts, zum Anlaß entscheidender Revisionen. Die unter dem Titel *The Visit* (1964) mit Ingrid Bergman und Anthony Quinn erschienene Filmversion (Regie Bernhard Wicki) stellt eine Trivialisierung des Originals dar. – Auf der Basis der *Panne* entsteht das Drehbuch zu dem Film *Es geschah am hellichten Tag* (1957), als Gegenentwurf hierzu der Roman *Das Versprechen.* 1959 legt Dürrenmatt ein in den westlichen Ländern wenig erfolgreiches Werk vor: *Frank der Fünfte, Oper einer Privatbank*. Die Musik verfaßt Paul Burkhard.

1959 Am 9. 11. erhält Dürrenmatt in Mannheim den Schillerpreis. Seine Rede distanziert ihn eindrucksvoll gegen das »rhetorische« Drama Schillers auf der einen, die politische Bühne Brechts auf der anderen Seite. Im Zeitalter der hoffnungslosen Vermassung, der gesellschaftlichen und ökonomischen Verfilzung von Kollektiven sieht er in der gesellschaftskritischen Funktion des Theaters seine stärkste Legitimation.

1962 Die 1961 entstandene Komödie *Die Physiker* wird am 20. 2. im Schauspielhaus Zürich uraufgeführt. Das Stück wird zum Welterfolg. – Den *Physikern* folgt die Bühnenfassung des Hörspiels *Herkules und der Stall des Augias.* 1963 entsteht der Kabarettext zur szenischen Kantate *Die Hochzeit der Helvetia mit dem Merkur.* In den Jahren 1964 bis 1965 schreibt der Autor an der Komödie *Der Meteor,* die am 20. 1. 1966 uraufgeführt wird.

1966 Die Jahre von 1966 bis 1975 sind ausgedehnten Reisen gewidmet. Man beobachtet eine Zunahme und Verschärfung des tagespolitischen Engagements. Dürrenmatt nimmt im Essay *Tschechoslowakei 1968* und in den *Sätzen aus Amerika* (1970) klar zur jeweiligen Lage Stellung. In der dramaturgischen Arbeit vollzieht sich eine Wende zur Praxis: im Herbst 1968 wird er von den Basler Bühnen als künstlerischer Berater und Mitglied der Direktion engagiert. In den Bearbeitungen von Shakespeares *König Johann* (uraufgeführt am 18. 9. 1968) und Strindbergs *Totentanz* (Uraufführung als *Play Strindberg* am 8. 2. 1969) entstehen in der Adaption des jeweiligen literarischen Vorbilds spezifisch Dürrenmattsche Stücke. Ebenfalls 1968 wird der *Monstervortrag über Gerechtigkeit und Recht* geschrieben.

1969 Dürrenmatt erhält den »Großen Literaturpreis« der Stadt Bern und die Ehrendoktorwürde der Temple University in Philadelphia. Im Herbst dieses Jahres zieht er sich aus der Direktion der Basler Bühnen zurück.

1970 Uraufführung der Komödie *Porträt eines Planeten* am 10. 11. im Schauspielhaus Düsseldorf. Inszenierungen des *Urfaust* (22. 10. im Züricher Schauspielhaus) und Shakespeares *Titus Andronicus* (12. 12. im Düsseldorfer Schauspielhaus). 1971 wird die Erzählung *Der Sturz* veröffentlicht. Die sehr gelungene Inszenierung von Büchners *Woyzeck* (17. 2. 1972) erfährt wenig freundlichen Nachhall bei der Kritik.

1973 Die Komödie *Der Mitmacher* wird am 8. 3. im Züricher Schauspielhaus uraufgeführt. Der Text wird mit einem ausführlichen Anhang *Dramaturgie, Erfahrungen, Berichte,*

Erzählungen erst 1976 veröffentlicht. Im gleichen Jahr erscheint der *Essay über Israel* (1976).

1977 Am 5. 6. Uraufführung der Oper *Ein Engel kommt nach Babylon* (Musik von Rudolf Kelterborn) am Opernhaus Zürich. Dürrenmatt erhält am 4. 7. die Ehrendoktorwürde der Hebräischen Universität Jerusalem, am 17. 11. die gleiche Ehrung durch die Université de Nice. Am 6. 10. wird die Komödie *Die Frist* im Schauspielhaus Zürich uraufgeführt.

1978 Die Galerie Daniel Keel stellt Bilder und Zeichnungen Dürrenmatts aus; der Bildband *Bilder und Zeichnungen* wird veröffentlicht.

1979 Am 24. 2. hält Dürrenmatt den Vortrag *Albert Einstein* an der ETH Zürich, der im gleichen Jahr veröffentlicht wird. Die Bühnenfassung von *Die Panne* wird am 13. 9. in Hanau/Frankfurt uraufgeführt und im gleichen Jahr veröffentlicht.

1980/81 Veröffentlichung der *Werkausgabe in dreißig Bänden* anläßlich des 60. Geburtstags des Autors. Im April/Mai 1981 folgt Dürrenmatt einer Einladung der University of Southern California, Los Angeles, wo er als "writer in residence" tätig ist. Veröffentlichung von *Stoffe I–III*.

2. Werke im gedanklichen Umkreis der »Physiker«

An eine Übersicht auch nur der wichtigsten Werke kann in diesem Zusammenhang nicht gedacht werden. In den *Physikern* sind bestimmte gedankliche Komplexe verarbeitet bzw. aufgegriffen worden, die sowohl in früheren Texten eine entscheidende Rolle spielen, als auch später dramaturgisch und weltanschaulich verfestigt werden. Dabei handelt es sich um folgende Fragen:

1. Die Verantwortung des Einzelnen innerhalb eines Kollektivs bzw. diesem Kollektiv gegenüber;
2. damit eng verknüpft: die Darstellung des »mutigen Menschen«;
3. die innere Konsequenz einer einmal begonnenen »Geschichte«;
4. das dialektische Verhältnis von menschlicher Planung gegenüber dem Zufall;
5. die Möglichkeit von Recht und Gerechtigkeit in einer verwalteten Welt.

Schon die frühe Erzählung *Der Tunnel* zeigt in Form eines bizarren Vorfalls – ein Eisenbahnzug gerät in einen Tunnel, den er nicht wieder verläßt, und rast seinem Ende entgegen – die Situation des Einzelnen innerhalb einer Gruppe angesichts des Unerwarteten, der Katastrophe. Ein junger Student (er wurde häufig als Selbstporträt des Autors gedeutet) erkennt als einziger die Bedeutung des Vorgangs und gewinnt den Mut zur Erkenntnis, daß der fürchterliche Sturz des Zuges zum Erdinnern nicht aufzuhalten ist: »Gott ließ uns fallen, und so stürzen wir denn auf ihn zu.« Hier, so könnte man überspitzt sagen, wird Dürrenmatts »mutiger Mensch« geboren, dem es vergönnt ist, im Angesicht des Ungeheuerlichen als einziger an einer *inneren* Ordnung festzuhalten, wenn alle äußere Regelhaftigkeit zerbricht. Was ihn dazu bemächtigt? Vielleicht die *Gnade*, jenes vieldiskutierte Phänomen, dessen eigentliche Bedeutung noch nicht geklärt ist.

Im Gegensatz zum Einzelnen ist das Kollektiv der Versuchung gegenüber anfällig, es trägt Chaos, Gewalt und seinen Untergang bereits in sich. Sie zu mobilisieren, bedarf es nur des Einbruchs einer destruktiven Gewalt. Diesen Vorgang zeigt Dürrenmatts Tragikomödie *Der Besuch der alten Dame*. Als Hintergrund dient die Szenerie des schweizer Wirtschaftswunders. Die Kleinstadt Güllen, verarmt, doch einigermaßen integer in ihrer spießigen

Selbstgerechtigkeit, wird heimgesucht durch Claire Zachanassian, ehemalige Cläri Wäscher, avanciert vom gefallenen Mädchen ihrer Jugend zur grotesken Milliardärs-Erinnye. Der Krämer Alfred Ill, ihr einstiger Verführer, soll von der Gemeinde geopfert werden. Das Kopfgeld: eine Milliarde. Dürrenmatt führt seinen Zuschauern vor, wie Schritt für Schritt, mit steigender Konjunktur, die Moral der Kleinstadt verfällt, wie andererseits der schmierige Krämer im Angesicht einer grotesken Bedrohung Züge des tragischen Helden gewinnt. Ill stirbt als mutiger Mensch. Er etabliert im eigenen Bewußtsein eine Ordnung, die die Güllener für immer verloren haben. Indem er die Schuld annimmt, die ihm zukommt, exkulpiert er zugleich die Misere seiner Gesellschaft. Hier wird eine Geschichte konsequent zuende gedacht, analog zu den *Physikern*. Claire Zachanassian und Mathilde von Zahnd sind Parallelfiguren. Auch in *Der Besuch* vollzieht sich die Paradoxie, daß menschliches Planen jener Mischung von Zufall und Verfehlung unterliegt, deren Resultat nur das Groteske sein kann. Grotesk wiederum der ›private‹ Ausgang: Ill stirbt nicht, wie geplant, als Gedemütigter, sondern als der wirkliche Sieger des Kräftespiels.

In der Frage nach der Existenz einer höheren Gerechtigkeit als Gegensatz zum organisierten »Recht«, das so oft Unrecht ist, und in ihrer Verknüpfung mit dem ökonomischen Grund kollektiver Aktionen ist dies ein hochpolitisches Stück. Vehikel organisierter Gerechtigkeit »ist die Kaufkraft, und man möchte das Stück in diesem Licht fast als eine Tragikomödie des Wirtschaftswunders verstehen, konkreter in seinem Zeitbezug als dies bislang gesehen wurde«. (Knapp, S. 27)

Auch Dürrenmatts Kriminalromane, Meisterwerke eines in den letzten Jahrzehnten ›literarisch‹ gewordenen Genres, exemplifizieren die eminente Rolle des Zufalls als ethisches und gesellschaftliches Regulativ. Der todkranke Kommissär Bärlach, der ihm dort die Hand führt, vermag nur durch seinen Glauben, seinen Starrsinn gegenüber dem Wirken organisierter Justiz eine Gerechtigkeit ins Werk zu setzen, wie die verwaltete Welt sie nicht bereithält.

Im *Monstervortrag über Gerechtigkeit und Recht* begründet Dürrenmatt seine Dramaturgie erstmals in dieser Deutlichkeit auch politisch. Der Konflikt von Freiheit, und das heißt: Recht des Einzelnen und der »logischen« Idee der Gerechtigkeit bildet das Kernstück dieser Abhandlung. Will man die gesellschaftliche Position des Autors recht verstehen, so ist die Lektüre dieses Essays unverzichtbar (vgl. dazu auch Knapp, S. 29–34). Auch retrospektiv trägt der *Monstervortrag* zur Deutung der früheren Werke bei. Ihm nahe stehen die Parabel *Der Sturz* und die Komödie *Der Mitmacher,* die »Endtypen« einer nicht mehr menschenwürdigen, total verwalteten Welt auf die Bühne stellt, deren einziger Ausweg, deren letzte Möglichkeit der persönlichen Freiheit der Tod ist (vgl. hierzu Heinz Ludwig Arnold, S. 26–29). Die gesellschaftliche Kritik, die mit den Hörspielen ansetzt und über den *Besuch der alten Dame* ihrem ersten Höhepunkt in den *Physikern* zustrebt, hat sich in den jüngsten Texten weiter zugespitzt. Dürrenmatts sprachliche und darstellerische Mittel sind dabei karger und eindringlicher geworden. An Stelle der Durchführung tritt heute oft die Reduktion: ein Ausdruck des Zweifels, den Dürrenmatt immer wieder als die Grundlage seines Denkens betont:

»Ich rate ab. Ich rate jedem ab. Ich werde jeden zum Unglauben verführen, wenn er nur zum Unglauben zu verführen ist. Das einzige, was ich anerkenne und was ich behaupte, ist: Wenn es einen Glauben gibt, wenn es einen Gott gibt, dann ist etwas, was Gott setzt, der Zweifel. Und nur, wenn ich diesen Zweifel ernst nehme, nur dann kann ich diskutieren; dann ist dieser Zweifel der von Gott gewählte Schleier, den er vor sich zieht. Und den Zweifel auf die Seite zu schieben, ist die größte Ungerechtigkeit, die es gibt.« (*Gespräch,* S. 40)

III. Gang der Handlung

1. Ort, Geschehen und Personal

Die Bühnenanweisungen, die dem ersten Akt als Vorspann vorausgehen, sind umfassend. Da sie sowohl Elemente der erzählten Vergangenheit als auch Reflexionen des Autors enthalten, sind sie auf der Bühne nicht direkt darstellbar. Sie können entweder dem Zuschauer durch ein Programmheft zur Hand gegeben oder vermittels einer Filmprojektion der Handlung vorangestellt werden. Denkbar wäre auch, daß sie durch einen Sprecher vorgetragen werden. Welches Medium man auch wählt: sie streben eine ›Episierung‹ des Geschehens im Sinne der Brechtschen Dramaturgie an. Dürrenmatt hat sie übrigens *nach* der Uraufführung des Stückes am 20. 2. 1962 niedergeschrieben. Die Bühnenanweisungen stellen derart gewissermaßen eine ›Dokumentation‹ der Erstaufführung dar. Informiert wird der Beschauer einmal über den Ort, dann über die nähere Umgebung des Ortes und ihre Verwandlungen im Lauf der Zeit. Die »Villa« dient als »Irrenhaus«. Berichtet wird über die Leiterin der Anstalt, Fräulein von Zahnd, die Prominenz ihrer weitgehend verblichenen Familie, über ihre drei Patienten, die alle »nicht ganz zufälligerweise« Physiker sind. Der Zeitpunkt: »Kurz nach halb fünf nachmittags«. Zur Intention der Komödie wird vermerkt: »Auch den Salon werden wir nie verlassen, haben wir uns doch vorgenommen, die Einheit von Raum, Zeit und Handlung streng einzuhalten; einer Handlung, die unter Verrückten spielt, kommt nur die klassische Form bei.« Und: »Zur Ausstattung einer Bühne, auf der im Gegensatz zu den Stücken der Alten das Satyrspiel der Tragödie vorangeht, gehört wenig. Wir können beginnen.«

Der Verweis auf die aristotelischen Einheiten von Zeit, Raum und Handlung ist als ironische Doppeldistanzierung zu verstehen: einmal von der Illusionsbühne, die ihre Mittel der Darstellung dem Dargestellten anzupassen hätte – auch in einer chaotischen, ›verrückten‹ Welt kann es sich die Komödie dagegen noch leisten, mit strengen Formen zu operieren –, dann aber von der Anwendbarkeit aristotelischer Dramaturgie auf eine moderne Welt. – Ob Dürrenmatts Anmerkung zur Abfolge der Spiele im antiken Theater (abermals natürlich als ironische Distanzierung gedacht, nun aber weniger dem antiken Theater als einer veränderten Welt gegenüber, in der jenes nicht mehr denkbar wäre) bedeuten soll, daß man die *ganze* Komödie als Satyrspiel aufzufassen hätte, der eine – noch ungeschriebene – Tragödie erst zu folgen hätte, weiß man nicht. Einleuchtender scheint, daß der

E.: episches Theater moderne dramatische Form, bei welcher es weniger um individuelle Schicksale als um gesellschaftliche Beziehungen geht, die z.T. verfremdend dargestellt werden!

erste Akt der Komödie als »Satyrspiel« zu deuten ist, der zweite als dessen tragische Konsequenz.

Die Physiker gliedern sich in *zwei Akte*. Beide werden übergangslos durchgespielt, sie können aber zum Zweck der Analyse entsprechend den jeweils auftretenden Personen in *je fünf Auftritte* eingeteilt werden. Dem Stück nachgestellt sind die »21 Punkte zu den Physikern«.

2. Der erste Akt: Die Komödie

I. 1 Der Beginn des ersten Akts – dem übrigens der zweite Aktanfang sehr ähnlich ist – erscheint zunächst wie eine Exposition. Vor dem Hintergrund des durch einen Kampf in Unordnung gebrachten Salons, in dem noch immer die Leiche einer erdrosselten Krankenschwester liegt, findet eine Morduntersuchung statt.

Die komödiantische Anlage offenbart sich unmittelbar im Dialog: »Eine Tasse Tee?« – »Lieber Schnaps.« – »Sie befinden sich in einer Heilanstalt.« – »Dann nichts«. Die Sprache des Stückes ist trocken, oftmals elliptisch, gelegentlich hart. Dürrenmatt sucht die Pointe nicht – wie dies einer Vielzahl von Komödien eignet – in der Übertreibung, er verläßt sich eher auf das verbale understatement, die enthüllende Kurzformel.

Im Verlauf des Verhörs wird deutlich, daß dieses der zweite Mordfall an einer Krankenschwester in »Les Cerisiers« innerhalb von drei Monaten ist. Der Komödienbeginn mutet wie der Eingang eines Kriminalstückes an, wenn auch die Spannung, mit der der Beschauer die eigentliche Detektivarbeit zu begleiten hätte, durch die Preisgabe des Täters komödiantisch entschärft ist. Offenkundig ist jedoch der Spielcharakter, die ironische Anlehnung an die Illusionsbühne, die – im Verein mit dem Schauplatz des Irrenhauses – den Zuschauer gefangennehmen.

I. 2 Mit dem Auftritt Newtons wird die Illusion verstärkt. Ein absurder Dialog mit dem Inspektor spinnt sich an. Newton redet dem Inspektor ein, er sei in Wirklichkeit Albert Einstein, könne dies jedoch vor Ernesti – der wiederum vorgibt, Einstein zu sein – nicht zugeben, sonst »wäre der Teufel los«. Der Inspektor spielt scheinbar unberührt mit. Der Zuschauer – nun einigermaßen in die Komödienwelt verstrickt – muß wohl die erste Vorausdeutung auf den eigentlichen Gegenstand des Stückes, die Newton-Einstein ganz beiläufig unterbringt, überhören: »Möchten Sie mich verhaften, weil ich die Krankenschwester erdrosselt oder weil ich die Atombombe ermöglicht habe?«

I. 3 Die Chefärztin tritt auf. Noch immer bleibt der Dialog auf einer komödiantisch-heiteren Ebene. Am Ende des Gesprächs eine weitere Vorausdeutung: das Thema ›Radioaktivität‹ wird angeschnitten. Der Inspektor ist verblüfft: »Sie denken an eine – Veränderung des Gehirns durch Radioaktivität?« – Dem

Abgang des Inspektors folgt ein kurzes, lakonisches Zwischenspiel zwischen Chefärztin und Oberschwester. Der Zuschauer ist bis dahin der Komödie mit Sicherheit auf den Leim gegangen: die ursprüngliche Anlage als Kriminalstück, die Verübung bereits zweier Morde – schon um der Symmetrie willen wäre ein dritter zu erwarten – und die scheinbare Zusammenhangslosigkeit des dramatischen Vorgangs lassen nun wiederum eine gewisse Spannung entstehen, die in keiner Weise durch die Farce des folgenden Auftritts gelöst wird.

I. 4 Frau Rose, ehemalige Möbius, tritt in Begleitung ihres Gatten und der drei Söhne Möbius' auf. Die Familie ist im Begriff, nach den Marianen abzureisen. Erstmals betritt nun Möbius, der Protagonist des Stückes, die Bühne. Er scheint weder seine Kinder zu erkennen noch die Zusammenhänge überhaupt zu begreifen. Als sein jüngster Sohn ihm mitteilt, er möchte Physiker werden, verbietet er ihm diesen Beruf, weil er ihn selbst ins Irrenhaus gebracht habe. Er spricht von seinen Erscheinungen und wird unruhig, als die Jungen ihm auf der Blockflöte vorspielen. Der König Salomo gibt ihm dann einen schrecklichen Psalm ein, eine apokalyptische Weltraum-Vision, in der abermals auf Radioaktivität angespielt wird. Die Familie nimmt Abschied von dem tobenden Möbius.

I. 5 Erst hier, im letzten Auftritt des ersten Aktes, kommt es zu einer partiellen Entschlüsselung der bisherigen Vorgänge. Möbius, allein mit Monika, teilt dieser mit, daß er den Auftritt mit seiner Familie – ebenso wie seinen Wahnsinn – simuliert habe. Er hält jedoch fest an der Erscheinung des König Salomo. Monika und Möbius lieben sich. Diese Offenbarung erfolgt mit der Unmittelbarkeit, wie sie nur die Komödie kennt. Die Krankenschwester hat bereits Pläne gemacht für eine Heirat, eine Rückkehr von Möbius in die Öffentlichkeit und für die Abreise aus der Anstalt. Unversehens schlägt hier die Komödie um. Die Bühne wird allmählich dunkel. Möbius, der »Tränen in den Augen« hat, erdrosselt die Krankenschwester mit einer Vorhangschnur. Damit bricht, dramaturgisch kaum motiviert, das Groteske in die Komödie ein.

Am Ende des ersten Akts bleibt der Zuschauer verwirrt zurück. Die eingangs begonnene Kriminalgeschichte wurde schließlich weitergeführt, aus dem komödiantischen Spiel wurde vorübergehend Ernst. Ein neuer Mord geschah, sinnlos und unmotiviert, ja den Gefühlen Möbius' absolut konträr. Die Illusion, die der erste Akt errichtete, ist nun vollkommen. Der Zuschauer erwartet im weiteren die Aufklärung der Vorgänge.

3. Der zweite Akt: Die »schlimmstmögliche Wendung«

II. 1 Der zweite Akt beginnt: »Eine Stunde später. Der gleiche Raum. Draußen Nacht. Wieder Polizei. Wieder messen, aufzeichnen, photographieren.« Inspektor Voß ist wieder am Tatort. Diesmal jedoch sind die Rollen vertauscht.

Nun ist es die Chefärztin, die vom »Mörder« spricht, der Inspektor, der sie in »Täter« korrigiert. Drei »riesenhafte Pfleger« sind an die Stelle der Krankenschwestern getreten, eine scheinbar absolut verspätete Sicherheitsmaßnahme. Dr. von Zahnd scheint besorgt und nervös. Der Zuschauer, der eine Aufnahme des Handlungsstranges der Kriminalgeschichte erwarten mußte, sieht sich durch die gleichsam spiegelverkehrte Wiederholung des Anfangs der Komödie auf den Beginn der Handlung zurückverwiesen.

II. 2 Auch der folgende kurze Dialog zwischen Möbius und dem Inspektor erscheint zunächst wie eine leicht modifizierte Wiederholung von I. 2. Möbius bittet den Inspektor, ihn zu verhaften. Dieser erklärt ihn für unzurechnungsfähig, da er – wie er angibt – auf den Befehl des Königs Salomo hin gehandelt habe.

Der Zuschauer, der inzwischen ja weiß, daß Möbius nicht wahnsinnig ist, wird diesem Gespräch mit besonderer Aufmerksamkeit folgen. Für ihn – nicht für den Inspektor – *will* Möbius ja tatsächlich die Verantwortung für seine Tat übernehmen, er *darf* es jedoch nicht, weil er als gestört gilt. Diese kurze Szene ist als Vorwegnahme der kommenden Ereignisse von Wichtigkeit, zugleich bedient sich Dürrenmatt hier abermals des Grotesken. Grotesk mutet der Exkurs des Inspektors zur Gerechtigkeit an. Möbius, der den Inspektor von seiner Schuld nicht überzeugen konnte, bleibt schweigend zurück. Die Spielstruktur verweist noch einmal auf den ersten Akt zurück: doch wo dort der Inspektor mühsam zu dem Schluß gelangte, daß niemand für die Gewalttat verantwortlich ist, geht er nun beinahe heiter von dieser Annahme aus. Dürrenmatt hat eine paradoxe Situation geschaffen. Der Begriff der Gerechtigkeit ist in »Les Cerisiers« zur Farce geworden. Sogar dann, wenn der Täter gesteht, wird sein Geständnis nicht ernstgenommen.

Hiermit hätte die Komödie ihr Bewenden. In einer soweit kreisförmigen Handlungsstruktur wurde der Beweis erbracht, daß im Irrenhaus die Gesetze der ›Normalität‹ suspendiert sind, daß sogar ein Simulant (auch wenn man sich nicht letztlich sicher sein kann, wird man Möbius dafür halten) nicht aus dem einmal etablierten Verhaltensmuster des Kranken ausbrechen kann.

II. 3 Bei einer für Dürrenmatt typischen Schlemmermahlzeit – im Nachhinein betrachtet wirkt sie wie ein Henkersmahl – vollzieht sich nun, da die Komödie sozusagen ausgespielt ist, eine Wendung zum Tragischen. Newton gesteht Möbius, daß er »nicht verrückt« sei. Er ist der Begründer der Entsprechungslehre und im Auftrage des Geheimdienstes seiner Nation (man vermutet zu Recht: der Vereinigten Staaten) bereit, Möbius aus der Anstalt zu entführen. Der von ihm an der Krankenschwester Dorothea verübte Mord stellt sich als Tarnungsmanöver heraus. Auch Einstein erklärt sich als »Mitglied eines Geheimdienstes. Aber eines ziemlich anderen« (man darf auf den Ursprung dieses Geheimdienstes in der Sowjetunion schließen). Auch der Mord an Schwester Irene entpuppt sich als

Täuschung. Eisler alias Einstein und Kilton alias Newton, die beide beabsichtigen, Möbius um seiner Entdeckung willen in ihr jeweiliges Land zu verschleppen, setzen sich mit ihm zu Tisch.

An dieser Stelle vollzieht sich also die – nach der in I. 5 aufgedeckten ›Normalität‹ von Möbius – zweite Enthüllung des Stückes. Die Kriminalgeschichte, die mit der kreisförmigen Spielstruktur der Komödie erledigt schien, stellt sich nun als Düpierung des Zuschauers heraus. Alle drei Physiker morden im vollen Bewußtsein der Tragweite ihrer Tat, aus ähnlicher Motivation. Die nun offenkundige Absicht Möbius', seine Forschungsergebnisse durch das freiwillige Exil in der Anstalt vor der Menschheit zurückzuhalten, erweist sich als groteske Fehlplanung: denn, um ihm eben diese Entdeckung zu entreißen, sind ihm zwei weitere bedeutende Physiker ins Irrenhaus gefolgt. Hier bricht in die Komödie abermals das Groteske ein. Aus dem scheinbar heiteren, nahezu absurden Kriminalspiel wird unwiderruflich ein bedenkliches Kräftespiel unter geistig ›Normalen‹, die grundsätzlich verschiedene Interessen verfolgen. Die Konsequenzen der Entdekkungen Möbius', fielen jene in die Hände der Weltmächte, wären »verheerend«. Dürrenmatt spielt hier eindeutig auf den totalen Atomkrieg an.

Im Gespräch mit seinen Physiker-Kollegen gelingt Möbius nun das Überraschende: er führt beiden vor Augen, daß ihre Verantwortung der Menschheit gegenüber sie zwingen muß, seine Entdeckungen vor dem jeweiligen Machtapparat geheimzuhalten und – als ›Verrückte‹ – weiterhin bei ihm in der Anstalt zu bleiben. Die Schlußformel betont den grotesken Charakter der nun sehr ernsten Situation: »Verrückt, aber weise.« – »Gefangen, aber frei.« – »Physiker, aber unschuldig.« Dieser Auftritt, eindeutig der Höhepunkt des Stückes, hat für den Zuschauer die Entschlüsselung des bisherigen Geschehens gebracht. Zugleich spitzt er den Problemgehalt der Komödie zur allgemeinverbindlichen, globalen Frage zu.

II. 4 Die Physiker werden von den Pflegern zur Chefärztin gebracht. Diese berichtet ihnen, daß ihr seit Jahren der König Salomo erscheine, in dessen Auftrag sie einem »mächtigen Trust« vorstehe. Sie hat nicht nur die Entdeckungen Möbius' in ihrem Besitz, auch die Morde an den Schwestern sind von ihr inszeniert. Ihre Machtgruppe wird die Weltherrschaft übernehmen.

II. 5 Die Schlußszene bringt eine Wendung der Physiker ans Publikum. Sie stellen sich vor als Newton, Einstein und »der arme König Salomo« (Möbius). Abermals ist das Unerwartete geschehen, eine grausige Wendung der ohnehin grotesken Situation entlarvt die Ärztin als wahnsinnige Kriminelle, verdammt die Physiker zum nun tatsächlich besiegelten Irrsinn und gibt die verheerende Erfindung der Machtlust eines »Weltunternehmens« preis. Über die Konsequenzen für die Menschheit kann man nur mutmaßen.

Aus dem anfänglichen komödiantischen Kriminalspiel ist am Ende tragikomisches Welttheater geworden. Die Entwicklung wird markiert durch drei unvermutete – groteske – Enthüllungen (I. 5; II. 3; II. 4), deren volle Tragweite erst am Ende sichtbar ist. Menschliche Planung erweist sich als Irrsinn, der Zufall führt zur katastrophalen Fehlleistung. Die Komödie hat ihre schlimmstmögliche Wendung genommen.

IV. Wort- und Sachkommentar

Der Kommentar folgt der Paginierung der Einzelausgabe, Zürich: Verlag der Arche 1962.

S. 9 ›*Les Cerisiers*‹: = ›Die Kirschbäume‹

S. 10 *die Einheit von Raum, Zeit und Handlung* etc.: Anspielung auf die aristotelische Poetik. – *C. G. Jung:* Carl Gustav Jung (1875–1961), schweizer Psychologe und Psychiater. Begründer der Lehre von den »Archetypen«. – *Ernis Glasmalereien:* Hans Erni (*1909), schweizer Maler und Graphiker. Vertreter einer surrealistischen Stilrichtung.

S. 11 *Kreutzersonate:* Beethovens Violinsonate A-dur op. 47 (1803), benannt nach dem Geigenvirtuosen Rodolphe Kreutzer (1766–1831).

S. 13 *Einstein:* Albert Einstein (1879–1955), Physiker und Begründer der »Speziellen Relativitätstheorie«, 1914/15 der »Allgemeinen Relativitätstheorie«. Entdecker der Äquivalenz von Masse und Energie ($E = mc^2$); Mitverfasser eines Briefes an den amerikanischen Präsidenten F. D. Roosevelt vom 2. 8. 1939, der u. a. den Anstoß zum Bau der amerikanischen Atombombe gab. Pazifist sein Leben lang. Amateurgeiger. – *Newton:* Sir Isaac Newton (1643–1727), Physiker; 1691/92 schwer nervenkrank. Verfasser der *Philosophiae naturalis principia mathematica* (1687). Seine Annahme von absoluten Werten für Raum, Zeit und Bewegung wurde erst durch Mach und Einstein revidiert. Gilt als Begründer der Lehre von der Schwerkraft.

S. 21 *Für wen sich meine Patienten halten* ...: erste Andeutung, daß die Chefärztin nicht so harmlos ist, wie es scheint. Anspielung auf die Hermann Göring zugeschriebene Äußerung: »Wer Jude ist, bestimme ich«.

S. 27 *so recht nach dem Psalmenwort* ...: vgl. Psalmen 69, 34. – *Missionsstation auf den Marianen:* Marianen oder Ladronen: Inselgruppe Mikronesiens im westlichen Stillen Ozean.

S. 28 *der König Salomo:* Salomo, König von Juda und Israel (ca. 965–926 v. Chr.), Sohn Davids. Im alten Testament werden ihm Psalmen und Sprüche zugeschrieben, vor allem das Hohe Lied. Die späteren Psalmen sind apokryph. In der Überlieferung des Orients und des deutschen Mittelalters gilt Salomo als Urbild des weisen, mächtigen Herrschers. – *Insulinkur:* ebenso wie der Elektroschock wurde der Insulinstoß häufig in der klinischen Psychiatrie als Therapie von schizophrenen Erkrankungen verwendet. Heute kaum mehr im Gebrauch.

S. 31 *Schopenhauer und Nietzsche:* gemeint sind die Philosophen Arthur Schopenhauer (1788–1860) und Friedrich Wilhelm Nietzsche (1844–1900).

S. 34 *Etwas von Buxtehude:* Dietrich Buxtehude (1637–1707), schwedischer Komponist und Organist. – *Sulamith* ...: Anspielung auf das Hohe Lied 4, 5.

S. 35 *Methanbrei:* Methangas, im Weltraum anzutreffen in der Jupiter-Atmosphäre. – *Ganymed:* Ganymedes, der wegen seiner Schönheit in den Olymp erhobene Geliebte und Mundschenk des Zeus; im Volksmund auch Bezeichnung für das Sternbild des

Wassermanns. – *Pluto und Transpluto:* Pluto ist der entfernteste Planet unseres Sonnensystems; die Bezeichnung »Transpluto« ist mit Sicherheit nicht zu bestimmen. – *Sirius mit Kanopus:* Sirius = ›Hundestern‹, hellster Stern der Sphäre, von der Erde ca. 8,5 Lichtjahre entfernt. Kanopus, zweithellster Stern am Fixsternhimmel, in Europa nicht sichtbar.

S. 37 *Sie handelten planmäßig:* vgl. Punkte 8 und 9 der »21 Punkte zu den Physikern« (S. 78).

S. 45 *Kreisler:* Fritz Kreisler (1875–1962), österreichischer Geiger und Komponist populärer Musik wie etwa »Schön Rosmarin«.

S. 52 *Sehen Sie ...:* Inspektor Voß erscheint in seiner unorthodoxen Gerechtigkeitskonzeption als ein Pendant zu Kommissär Bärlach in *Der Richter und sein Henker* und in *Der Verdacht*.

S. 53 *Poulet à la broche ...:* Die üppige »Henkersmahlzeit« (S. 57) ist ein bei Dürrenmatt in Verbindung mit einer Gerichtsszene häufiger anzutreffendes Motiv (vgl. Hans Bänziger: Die Gerichte und das Gericht von Alfredo Traps in einer ländlichen Villa. In: *Studien,* S. 218–232.)

S. 54 *Entsprechungslehre:* Anspielung auf das »Korrespondenzprinzip« des dänischen Physikers Niels Hendrik David Bohr (1885–1962), der 1922 den Nobelpreis erhielt und 1943/45 an der Entwicklung der Atombombe in den USA mitarbeitete.

S. 56 *Eisler-Effekt:* Anspielung auf den bekannten »Doppler-Effekt«, den der österreichische Physiker Christian Doppler (1803–1853) beschrieb.

S. 67 *trotz seines Basedows:* Basedowsche Krankheit, benannt nach Dr. Karl von Basedow (1799–1854); deutlichstes Symptom: Hervortreten der Augäpfel.

S. 72 *Andromedanebel:* Andromeda, Sternbild am nördlichen Himmel mit dem Andromedanebel, einem spiralförmigen Sternsystem, ca. 1,5 Lichtjahre von der Erde entfernt.

S. 73 *Royal Society:* öffentliche Einrichtung zur Förderung der Wissenschaften in England, begründet 1662. – *Hypotheses non fingo:* Newtons Absage gegen spekulatives Denken.

V. Gedanken und Probleme

1. Der historische Ort der Entstehung

»Das Physiker-Drama fällt in eine weltpolitische Lage, die einen offenen Konflikt zwischen den Supermächten befürchten läßt. Im Mai 1960 wird ein amerikanisches Aufklärungsflugzeug bei Swerdlowsk von den Sowjets abgeschossen: damit ist die Tatsache von Aufklärungsflügen der USA über sowjetischem Gebiet offenbar; und die Sowjetunion sieht einmal mehr ihre Ansicht bestätigt, wonach der Westen einen Angriff plant. Am 13. August 1961 wird in Berlin die Mauer gebaut, und der damalige Regierende Bürgermeister forderte die USA schriftlich auf, die Mauer gewaltsam zu beseitigen. Im November 1961 stürzt im mittleren Westen der USA ein amerikanischer Atombomber ab, bei dem fünf der sechs Sicherungen versagen: eine Atomkatastrophe erscheint täglich möglich.« (Knopf, S. 101)

Die späten fünfziger und beginnenden sechziger Jahre brachten, wie man weiß, eine weitere Zuspitzung der Politik des ›Kalten Krieges‹, der an vereinzelten Krisenherden sich zur Weltkatastrophe zu eskalieren drohte: man denke an die mißglückte Kuba-Invasion der Amerikaner, an die Nachwirkungen von Korea und an jene Kuba-Krise, bei der die Welt in der direkten Konfrontation der Supermächte buchstäblich den Atem anhielt. Die Erfahrungen von Hiroshima und Nagasaki waren lebendig genug, um einen globalen Nuklearkonflikt zur akuten, entsetzlichen Wahrscheinlichkeit werden zu lassen. In diese Zeit stellt Dürrenmatt seine *Physiker*-Tragikomödie, und das Stück enthält bei aller komödiantischen Verfremdung seines Stoffes genügend aktualpolitische Brisanz, um sich – allein durch die Themenstellung – die Weltbühne rasch zu erobern.

2. Zur Entstehungsgeschichte

Die fünfziger Jahre bedeuten für Dürrenmatt eine sichtbare Zunahme seines weltpolitischen Engagements. Die *Theaterprobleme* vermitteln erstmals eine gesellschaftliche und ansatzweise politische Fundierung seiner Dramaturgie. Früher schon waren im Auftrage Walter Leschs, des Leiters des inzwischen aufgelösten Züricher »Cabaret Cornichon«, drei Sketchs und ein Chanson entstanden – schriftstellerische Gelegenheitsarbeiten, aber in bezug auf den die *Physiker* umgebenden Gedankenkomplex aufschlußreich. Denn einer der Sketchs (*»Der Erfinder«*) läßt einen Professor mit einer Miniaturbombe auftreten, deren Detonation den Untergang der ganzen Welt bedeuten würde. Der Professor läßt die Bombe jedoch nicht fallen, sondern versteckt sie im Dekolleté einer Dame und sichert derart – satirisch zumindest – den Weltfrieden für eine Weile. In dieser frühen kabarettistischen Arbeit ist also bereits der Kern des späteren Physiker-Stückes angelegt.

Wichtiger ist die Auseinandersetzung Dürrenmatts mit dem bekannten Buch *Heller als tausend Sonnen* von Robert Jungk, die in Form einer Besprechung in »Die Weltwoche« am 7. 12. 1956 erschien. Hierin sind wesentliche Gedankengänge der *Physiker* vorweggenommen, insbesondere die Annahme einer nicht mehr vertretbaren Machtballung im Lager der Atommächte und die Frage nach der Verantwortlichkeit der Wissenschaftler. Folgender Auszug aus der von der Literaturwissenschaft bislang zu wenig beachteten Rezension muß an dieser Stelle genügen:

»Die Aktualität dieses außerordentlichen Buches liegt jedoch nicht so sehr in der Chronik der Ereignisse, sondern im Umstand, daß gezeigt wird, inwiefern Wissen Macht sein kann und vor allem, wie aus Wissen Macht wird. Das ungeheuerlichste Machtmittel der Gegenwart beruht auf einem so sublimen Wissen, daß die Frage lautet: Wie war es möglich, daß sich dieses spezielle und durch die Schwierigkeit seines Verstehens an sich geschützte Wissen in Macht umwandeln konnte, daß sich auf der menschlichen Ebene etwas Ähnliches ereignete wie auf der physikalischen, in der sich Materie in Energie verwandelte?

Dieser Prozeß wurde mittels der Zertrümmerung einer internationalen Elite von Wissenschaftern durch die Politik ausgelöst. Der Gedanke, welcher der Atombombe zugrunde liegt, die tiefe Einsicht in die Struktur der Materie, ist ein Gedanke der Menschheit, gleichsam vertreten durch eine kleine Elite von Forschern, und nicht von einer Nation zu pachten. Auch gibt es keine Möglichkeit, Denkbares geheim zu behalten. Jeder Denkprozeß ist wiederholbar. Das Problem der Atomkraft – die Atombombe ist nur ein Sonderfall dieses Problems – kann nur international gelöst werden. Durch Einigkeit der Wissenschafter. Daß diese Voraussetzung schon durch Hitler zerstört wurde, schuf das Verhängnis. Es zwang die Physiker, ihr Wissen an eine Macht zu verraten, aus dem Reiche der reinen Vernunft in jenes der Realität überzusiedeln.« (*Theater-Schriften und Reden,* S. 273 f.)

Es steht außer Zweifel, daß die Lektüre von Jungks Buch Dürrenmatt nicht nur außerordentlich beeindruckte, sondern daß darin tatsächlich entscheidende Elemente des ›Rohstoffes‹ der *Physiker* enthalten sind. Dies betrifft auch die gute Kenntnis der naturwissenschaftlich-physikalischen Gegebenheiten, die der Autor in einer Reihe von Anspielungen durchscheinen läßt. Der Zugang zum Stück wird durch eine Lektüre dieser sehr einflußreichen Schrift Jungks wesentlich erleichtert. Die vom Autor den *Physikern* nachgestellten »21 Punkte zu den Physikern« lesen sich zum Teil wie Destillate der Auseinandersetzung Dürrenmatts mit den Gedanken Jungks, insbesondere die Punkte 8, 9, 13, 14, 15 und 16.

3. Form und Wirkungsstrategie des Stückes

Dürrenmatt selbst nennt die *Physiker* im Untertitel »eine Komödie in zwei Akten«. Das Stück bietet – wie auch die voranstehende Übersicht der Handlungsstruktur erwiesen hat – beträchtliche formale Komplikationen. Zu berücksichtigen ist dabei einmal die bei Dürrenmatt durchgängig vertretene, nur in *Der Besuch* explizit zugestandene Tendenz, die Komödie zur *Tragi*komödie hin zu modifizieren; sodann der nicht ohne weiteres zu deutende Satz »Zur Ausstattung einer Bühne, auf der, im Gegensatz zu den Stücken der Alten, das Satyrspiel der Tragödie vorangeht, gehört wenig«, der sich in dem umfangreichen Vorspann des Stückes findet; und schließlich die klare Zweiteiligkeit des Stückes in die Kriminalkomödie des ersten Teils (der sich bis zu II. 2 erstreckt) und die grotesk-tragische Wendung, die mit I. 5 einsetzt und den gesamten letzten Teil einschließt.

Betrachtet man den formalen Aufbau der *Physiker* im Licht der Dürrenmattschen Komödientheorie, so wird von vornherein klar, daß der Autor mit den Bestandteilen der traditionellen Komödie ein höchst verwickeltes und eigenständiges Spiel treibt. Die Handlung wird – sieht man einmal ab von den Nebenfiguren – von vier Personen getragen: der Chefärztin einerseits und den Physikern auf der anderen Seite. Jede dieser Personen erscheint zunächst durch ihren spezifischen Funktionsbereich (Ärztin und Patienten) im Spielrahmen der Komödie hinreichend gekennzeichnet. Erst später stellt sich heraus, daß Möbius ein anderer ist, als er zu sein vorgibt, daß seine beiden Physiker-Kollegen ebenfalls geistig gesund und Vertreter realer Machtsysteme sind. Und schließlich erweist sich die Chefärztin nicht nur als geistesgestört, sondern auch als die Repräsentantin eines weltweiten Macht-Trusts. All dies könnte als ein traditionell-komödiantisches Spiel mit der Identität gelten, wäre nicht die Tatsache, daß im Zuge der Enthüllungen hinter der wirklichen Identität der Figuren auch Machtgruppierungen sichtbar werden, die der außerliterarischen Realität angehören bzw. zumindest denkbar sind. Und wäre nicht ebenfalls der Umstand, daß ein weiterer Protagonist des Stückes, auch wenn er nicht auf der Bühne erscheint, im zweiten Teil immer deutlicher in den Blickpunkt rückt: die von ihrer Vernichtung bedrohte Menschheit. Hier, in der Überwindung traditioneller Komödienstrukturen, sprengt Dürrenmatt die lustspielhafte Anlage und gelangt damit zur Darstellung eines Problems, das »alle angeht« (Punkte 17 und 18 der »21 Punkte«).

»In *Die Physiker* ist das Element der Spannung, das Dürrenmatt in seinen Detektivromanen so meisterhaft beherrschte, durchgängig vorhanden. [...] Der Zuschauer wird in medias res gebracht an einem Punkt, an dem einige folgenschwere Ereignisse schon stattgefunden haben, die durch keine Anstrengung rückgängig gemacht werden können. Ein solcher Aufbau, der an die ›Entdeckungsstruktur‹ von *Oedipus Rex* gemahnt, kann durchaus effektvoll innerhalb der Restriktionen des klassischen Dramas verwirklicht werden.

Grundsätzlich stellt das Stück jedoch eine Tragikomödie dar, denn Dürrenmatt behandelt jene Gewalten, die im Verborgenen das Schicksal der Menschheit einem schrecklichen Ende zutreiben, mit einer gewissen humorvollen Gleichgültigkeit. Es gibt keine tragischen Todesfälle im Sinne der klassischen oder der Shakespeareschen Tragödie mehr, trotz der traditionellen, ›tragischen‹ Form des Stückes. [...] Die Morde führen zu keinem kathartischen Effekt und keiner Erhebung des Gefühls beim Zuschauer, bestenfalls sind sie Anlaß zu peinlichem Mitleid. Die Klimax des Stückes ist daher eher ›ideologisch‹ als ›dramatisch‹ im ursprünglichen Sinne des Wortes, denn sie gipfelt in der forensischen Debatte der Physiker untereinander und mit der Psychiaterin. Derart wird das Stück, so sehr es den Zuschauer emotional in die Spannung der Kriminalhandlung verwickelt, vor allem auch ›kritische Distanz‹ zum Geschehen hervorrufen.« (Helbling, S. XXVII, Übertragung vom Vf.)

Die Wirkungsstrategie hergebrachter Komödien gründet sich wesentlich auf die Technik diskrepanter Informationsvergabe. Das heißt: die Figuren auf der Bühne verstricken sich – ähnlich wie in der traditionellen Tragödie – in Irrungen und Verwechslungen, deren Hintergründe dem Zuschauer indessen weithin bekannt sind. In der komödiantischen Auflösung am Ende bestätigt sich dem Rezipienten das Walten einer wohlgesonnenen Schicksalsmacht: die Welt, die vorübergehend aus den Fugen geraten war, kommt mit dem happy ending ins Lot zurück. So ist die klassische Komödienstruktur im ganzen der Gesellschaft gegenüber, die sie reflektiert, als affirmativ anzusehen. Anders bei Dürrenmatt. Einmal entfällt von vornherein die Technik diskrepanter Informationsvergabe weitgehend, ja sie erfährt eine gewisse Umkehrung. Denn dem Zuschauer enthüllt sich erst Schritt für Schritt während des Spielverlaufs, was die Akteure – jeweils jeder einzelne für sich – lange gewußt haben. In der Konvergenz der verschiedenen Bewußtseinsebenen und Intentionen der Figuren vollzieht sich dann eine Abfolge von Ereignissen, die von ihnen (mit Ausnahme der Chefärztin) weder zu erwarten noch einzuplanen war. Die gleiche Überraschung trifft bei jeder neuen grotesken Wendung natürlich auch den Zuschauer.

Dürrenmatt erreicht, indem er den Zufall zum Spielprinzip erhebt, eine neue gesellschaftliche Offenheit der Komödienform. Denn die »Absolutheit« (Szondi) des klassischen Theaters, die jede Zufälligkeit ausschließen und die ständige Präsenz einer Vorsehung exemplifizieren wollte, vermag, wie Dürrenmatt in den *Theaterproblemen* und in seiner *Schillerpreisrede* ausführt, der Situation einer von Zufällen regierten Welt nicht mehr beizukommen. Durch die Verabsolutierung des Zufalls begibt sich Dürrenmatt andererseits der Möglichkeit, eine denkbare Notwendigkeit und Konsequenz im Ablauf gesellschaftlicher oder historischer Prozesse auf der Bühne darzustellen. Darin unterscheidet er sich unter anderem von Brecht, der ebenfalls gezielt Zufälligkeiten einsetzt, sie jedoch nicht zum dramaturgischen Regulativ erhebt.

Fragt man nach der Intention dieser Dramaturgie des Zufalls, so liegen die Schlußfolgerungen auf der Hand. Die Komödie Dürrenmatts ist in ihrer Wirkungsstrategie nicht als affirmativ gegenüber der Realität anzusehen. Ein Identifikationsangebot – im positiven wie im negativen Sinne – stellen ihre Figuren kaum dar. Auch eine satirische Anlage, wie sie dem komödiantischen Zeitstück der Gegenwart eignet, ist nur stellenweise sichtbar. Folglich wollen die Stücke Dürrenmatts weder das Bestehende bestätigen noch es primär satirischer Pointierung – und das heißt bei genauer Betrachtung auch: Verharmlosung – preisgeben, sondern sie wollen zukünftige und denkbare Konstellationen antizipieren. Allein die Komödie besitzt jene vollkommene Freiheit im Umgang mit einem Stoff –

Dürrenmatt nennt ihn eine »Geschichte« –, die es ihr erlaubt, ihn ohne formale oder ›schicksalhafte‹ Einschränkungen, aber auch ohne den Anspruch des Dokumentatorischen auf seine Entwicklungsmöglichkeiten hin konsequent zu befragen. Der Zuschauer, nachdem er einmal der kriminalistisch-komödiantischen Mystifizierung des ersten Teils erlegen ist, sollte damit vorbereitet sein auf die vom Autor intendierte Demaskierung weltpolitischer Problematik als – in all ihrer Bedeutungsschwere – lächerliche Kette von Zufällen, grotesken Konstellationen und Unberechenbarkeiten. Der – unausgesprochene – emanzipatorische Anspruch des Stückes zielt darauf ab, Mißtrauen zu erwecken gegenüber der Planmäßigkeit scheinbar harmloser Abläufe, den Blick zu lenken auf die Anfälligkeit einer gefährlichen Balance des globalen Schreckens gegenüber dem Einbruch des Unvorhergesehenen, der fatalen Konsequenz.

Die Komödie muß, in dem Augenblick, wo die »schlimmstmögliche Wendung« (Punkt 4 der »21 Punkte«) eingetreten ist, notwendig Züge der Tragödie annehmen. Nur so kann sie dem Anspruch genügen, durch die Antizipation des Schrecklichen warnendes Welttheater zu sein. Und nur so kann sie auf die Gefahr verweisen, die »alle Menschen« angeht (Punkt 16 der »21 Punkte«). Aber auch die tragische Entwicklung, die ja den Spielregeln des Zufalls unterliegt (wie die Mord-Komödie), die gleichermaßen auf die groteske Enthüllung disproportionaler Realität vertraut, wird relativiert durch den Spielcharakter der Komödie, der durchweg erhalten bleibt. So vermerkt Dürrenmatt selbst im letzten seiner »21 Punkte«: »Die Dramatik kann den Zuschauer überlisten, sich der Wirklichkeit auszusetzen, aber nicht zwingen, ihr standzuhalten oder sie gar zu bewältigen.«

Die Emanzipation des Zuschauers zum Denken wird angestrebt, eine Lehre indessen wird ihm nicht auf den Weg mitgegeben. Im Gegenteil: der relativ offene Schluß des Stückes, vorbereitet durch den betonten Kunstcharakter der gesamten Spielanlage, schiene jeder möglichen (und grotesken) Weiterführung des Geschehens gefügig – auch etwa einer spektakulären Wendung zum Guten, die an Stelle des schlimmstmöglichen Ausgangs träte. Hierin liegt die Beschränkung der Dürrenmattschen Komödie, die jede ideologische Festlegung scheut und dadurch in Gefahr geraten mag, die einmal vollzogene Konfrontation des Zuschauers mit der Wirklichkeit ästhetisch wieder aufzuheben. Und hierin liegt sicherlich der Reiz einer Möglichkeitsdramatik in einer von Ideologien verwalteten Welt.

4. Die Figuren

Aus der Anlage der Nebenfiguren ergibt sich die zentrale Bedeutung der vier Hauptakteure. Denn sowohl Inspektor Voß als auch Oberschwester Marta Boll – die übrigens nach I. 3 ganz unvermittelt aus dem Geschehen verschwindet – sind, wie die stummen Polizisten, das Pfleger-Dreigespann und die Missionarsfamilie als reine Statisten angelegt. Allein Schwester Monika Stettler gewinnt in ihrem einzigen Auftritt (in I. 5) als Liebende und Handelnde vorübergehend Bedeutung.

Auch ist sie die einzige Figur des Stückes, der im Ansatz ›realistische‹ Plausibilität anhaftet. Doch ehe noch sie sich der Sympathien des Publikums versichern kann, wird sie zum Mordopfer.

Abgesehen von den Pflegern, wird der zweite Teil der Tragikomödie, nachdem einmal die Mordkomödie ausgespielt ist, nur noch von den drei Physikern und der Chefärztin beherrscht. Möbius, die Zentralfigur, tritt zunächst als Akteur des Komödiengeschehens auf, wenn er seiner ehemaligen Frau, den Kindern und Rose gegenübertritt. In der Folgeszene mit Schwester Monika enthüllt sich sein früheres Toben als »planmäßiges«, »humanes« Vorgehen. Damit rückt er unmittelbar ins Zentrum der Aufmerksamkeit. Nicht zu Unrecht wird der Zuschauer auch hinter seiner Mordtat Motive vermuten, die einem planmäßigen Vorgehen entspringen. Erst in II. 3 wird dieses dann wirklich offenbar: Möbius hat, um die Menschheit vor seinen Entdeckungen zu schützen, den Weg in die Heilanstalt gewählt, den Verzicht auf seine Freiheit, seine Familie, auf Anerkennung und Ruhm. Hier liegt ein deutlicher Unterschied der Figur Möbius' zu anderen Bühnengestalten Dürrenmatts. Denn, wo etwa Alfred Ill im *Besuch* im Angesicht einer grotesken, tödlichen Bedrohung, in der Konfrontation mit einer immer chaotischer werdenden Umwelt zum »mutigen Menschen« reift, äußert sich der Mut zur Entscheidung, zur »Zurücknahme« (Hans Mayer) bei Möbius bereits *vor* der Katastrophe, wohlbedacht und als Akt der präventiven Antizipation. Lediglich als groteskes Nachspiel zu der einmal vollzogenen Entscheidung erscheint dann der Mord an Schwester Monika – die Möbius ja, wie er zugibt, liebt –, die nochmalige Zerstörung seines Glücks. Vorweg-nahme

Noch einmal hat sich dieser Mut unter Beweis zu stellen. In der Konfrontation mit Kilton-Newton und Eisler-Einstein vermag Möbius beide umzustimmen und von der Richtigkeit seiner Entscheidung zu überzeugen. Im Sinne von Dürrenmatts Konzeption des »mutigen Menschen« werden auch sie, nunmehr abgelöst vom Machtanspruch der Kollektive, die sie repräsentieren, im subjektiven Anspruch ihres Entschlusses zu »mutigen Menschen«.

Doch dabei läßt Dürrenmatt es nicht bewenden. Die Erfindungen Möbius', einmal aufgezeichnet, haben seine eigene Position der Verweigerung längst überrollt, eine Zurücknahme ist nicht mehr möglich, die Eigenentscheidung von Möbius, Kilton und Eisler eine tragische Täuschung. Der Zufall in Gestalt einer verrückten, buckligen Irrenärztin hat sie längst zur Farce werden lassen. Dr. Mathilde von Zahnd erweist sich als das Instrument der Katastrophe. Ihre Motivation, die (dramaturgisch geschickt) ohnedies dem Wahnsinn entspringt, ist von sekundärem Belang. Entscheidend ist allein der Effekt für die Menschheit.

Für die Personencharakterisierung bedeutet das, daß Möbius als verantwortlich Handelnder von der Spielstruktur ad absurdum geführt erscheint. Der Rückgriff auf das Individuum in einer von Machtkomplexen beherrschten Welt erweist sich als tragisch-komödiantischer Anachronismus. Und dort, wo jenes noch zu handeln und zu entscheiden vermag, sind seine Handlungen und Entscheidungen

A. einem Zeitabschnitt nicht Entsprechendes.

von einer irren Wirklichkeit längst überholt. Die Anlage des Stückes gemäß der aristotelischen Einheit von Ort, Zeit und Handlung enthüllt sich als ironische Doppelbödigkeit insofern, als der Spielraum des Individuums, (um den es ja dem aristotelischen Drama in erster Linie geht) längst vertan ist. Auch im Irrenhaus, der letzten Enklave in einer wahnsinnig gewordenen Welt, ist kein vernünftiges, verantwortungsbewußtes Handeln mehr möglich.

5. Ist Tragik noch denkbar in der Welt der »Physiker«?

Hans Mayer, einer der schärfsten Kritiker des Stückes, schließt eine Tragik klar aus:

»Das ›Opfer‹ vollends, das der Physiker Möbius auf sich nehmen wollte, – ›daß es heute die Pflicht eines Genies ist, verkannt zu bleiben‹ –, ist weder tragisch noch auch nur erfolgreich. Die Opferung Ills hatte wenigstens, wie der schauerliche Schlußchor [in *Der Besuch*] bewies, dem Städtchen Güllen für eine Weile den Wohlstand gesichert. Die Zurücknahme aber seiner Forschungen durch Möbius blieb belanglos, denn die ›alte Dame‹ dieses neuen Stückes konnte trotzdem, mit Hilfe der zurückgenommenen Forschungen, ihren Trust der Weltbeherrschung oder Weltvernichtung aufbauen. [...] Der Physiker Johann Wilhelm Möbius möchte im Dunkel leben und auf Forschen wie Handeln verzichten. Aber es erweist sich die Richtigkeit der 18. These Dürrenmatts zu seinem Schauspiel von den Physikern: ›Jeder Versuch eines Einzelnen, für sich zu lösen, was alle angeht, muß scheitern.‹« (Mayer, S. 31 f.)

Noch schärfer urteilt Ulrich Profitlich:

»Das gescheiterte Unternehmen [einer Zurücknahme], so wird schließlich auch dem Helden selbst deutlich, war von vornherein aussichtslos, der eingeschlagene Weg war keineswegs, wie Möbius sich und seinen Kollegen noch wenige Augenblicke zuvor einredete, ein Erfordernis der ›Vernunft‹ und der vielberufenen ›Verantwortung‹, sondern ganz im Gegenteil eine ›Flucht‹ vor der Verantwortung, ein von den Akteuren selbst undurchschauter Versuch, ›dieser Verantwortung zu entgehen‹. Die angehängte Coda, die Selbstvorstellung der drei in ihr eigenes Gefängnis Geflohenen, denen nichts übrig bleibt, als hoffnungslos und gelähmt ein einst freiwillig als Opfer übernommenes, inzwischen als sinnlos erwiesenes Rollenspiel fortzusetzen, endet mit den Worten: ›... irgendwo um einen kleinen, gelben, namenlosen Stern kreist, sinnlos, immerzu, die radioaktive Erde. Ich bin Salomo, ich bin Salomo, ich bin der arme König Salomo.‹ Kein erbaulicher ›Romulus‹-Schluß, kein Beweis einer paradoxen, alle ›äußere‹ Sinnlosigkeit kompensierenden ›Größe‹: die Physiker, obwohl eben noch im Namen der ›Pflicht‹ und des ›Anstands‹ zum Heldentum bereit, sind keine ›mutigen Menschen‹ mehr. Sie können es schon darum nicht sein, weil ihnen selbst das Minimum an Wirkungsraum versagt ist, dessen Bewährung des ›Mutes‹ bedarf.« (Profitlich, S. 108)

Nun ist es keinesfalls richtig, daß – wie Mayer annimmt – die Nutzlosigkeit des Opfers, das zuerst Möbius, dann seine beiden Physiker-Kollegen zu bringen bereit sind, zugleich jeder Tragik entbehre. Die Instanz des »mutigen Menschen« bleibt auch dann, wenn ihr der öffentliche Wirkungsbereich versagt ist, bestehen: unerkannt und ineffizient, beispielhaft aber für die letzte und hilflose Möglichkeit einer humanen Stellungnahme. Gerade dadurch, daß Möbius, »planmäßig« handelnd und im Glauben an den Wert seines Entschlusses, scheitert, gewinnt sein Handeln tragische Züge. Die Stellung des Physikers in der heutigen Welt – im Zeichen der Atombombe – ist eine paradoxe (vgl. Punkt 14 der »21 Punkte«), und paradox abermals der Versuch des einzelnen Physikers, die Verantwortung für das einmal Gedachte allein auf sich nehmen zu wollen. Die Tragikomödie setzt bezeichnenderweise dort ein, wo die Geschichte ihre »schlimmstmögliche Wendung« (Punkt 4) bereits genommen hat: Möbius *ist* ja bereits seit Jahren – ausgerechnet – in »Les Cerisiers« eingeschlossen, die Geheimdienste der USA und der UdSSR *sind* ihm bereits seit langem auf der Spur, und seine Forschungen *sind* ja längst verraten und gestohlen. Daß aber die Entwicklung bereits den Punkt, an dem Handeln und eine verantwortliche Tat noch möglich wären, längst überschritten hat, weiß er ebensowenig wie der Zuschauer. In diesem Umstand erweist sich nicht nur der antizipatorische Zug der Dürrenmattschen Dramaturgie, er enthüllt zugleich die Tragik des schon lange verratenen, zerstörten Individuums, das noch immer handelt, im Glauben, es könne den Verrat und die Zerstörung abwenden. So wie Ödipus, nachdem er unwissentlich seinen Vater erschlagen, unwissend seinem Untergang entgegenhandelt, handelt Möbius, als könne er das Unheil abwenden, das lange seinen Lauf genommen hat. *Hierin* liegt die Tragik des »mutigen Menschen« in einer Welt, für deren Schicksal es letztlich keinen Unterschied macht, ob der Einzelne mutig oder feige handelt. Ähnlich steht es um die Menschheit, deren Tragödie in Form der Vorbereitung des sinnlosen Untergangs schon längst in Bewegung gesetzt wurde. Zu helfen ist ihr nicht mehr, es sei denn, sie vermöchte sich selbst zu helfen: »Was alle angeht, können nur alle lösen« (Punkt 17 der »21 Punkte«).

6. Thesenstück oder Parabel?

Dürrenmatt hat seinen *Physikern* die »21 Punkte zu den Physikern« nachgestellt. Der Umstand, daß er sie dem Stück nicht *voran*stellt und auch nicht – wie auf der Brechtschen Bühne – sie etwa durch Spruchbänder dem Bühnenbild integriert, spricht für sich. *Die Physiker* sind in erster Linie als Parabel aufzufassen, eine Parabel von der Hilflosigkeit des Einzelnen in einer verwalteten, von Superwaffen bedrohten Welt, von der Fragwürdigkeit wissenschaftlicher Erkenntnis dort, wo diese Erkenntnis dem unwiderruflichen Mißbrauch schon preisgegeben ist, ehe der Einzelne und mit ihm die Menschheit sich dessen bewußt sind. Jede Parabel hat ihren inneren Kern, den sie dem Leser entweder direkt enthüllt oder der vermittels einer Induktion – wie im Falle der ›hermetischen‹ Kafka-Parabeln etwa – erschlossen werden muß. Die »21 Punkte zu den Physikern« erweisen sich als Lesehilfen, als zusätzliche Deutungsschlüssel des Stückes und zugleich als didaktisches Substrat der Komödie. Dürrenmatt hat verschiedentlich das Etikett des »Moralisten« zurückgewiesen, dabei sind seine Stücke, auch wenn sie keine leichtfaßliche »Moral« tragen, Lehrstücke im eigentlichen Sinne des Wortes. Es ist gegen Dürrenmatt der Vorwurf erhoben worden, dies sei ein »Lehrstück ohne Lehre«, eine Parabel ohne Lösung. Auszugsweise sei dazu die kluge Argumentation von Jan Knopf wiedergegeben:

»Was sich zunächst als konservativer Kulturpessimismus anläßt, ist die Konsequenz des neuen dürrenmattschen Verständnisses von ›Weltgeschichte‹: die menschlichen Entwürfe einer besseren Zukunft sind von der Wirklichkeit längst überrollt. Die Schlußfolgerung ist einsichtig; aber auch sie ist Ausdruck der Zeit: das Denken der großen Gegensätze, die totale Konfrontation im kalten Krieg, der immer wieder in einen heißen umzuschlagen drohte, hat sich bei Dürrenmatt künstlerisch und denkerisch niedergeschlagen. Das setzt die Tendenz fort, nach der ihm gerade das Ferne und Distanzierte wirksamer gewesen ist als das Unmittelbare. Indem Dürrenmatt den unbeteiligten Standpunkt einnimmt, draußen bleibt, die Neutralität wahrt, erscheint ihm das Globale entschiedener und bestimmender, wird die Konfrontation der Supermächte endgültig, wird die zweigeteilte Welt zur alleinigen Geschichte, zu dem, was sich einzig noch an wirklich bestimmender Wirklichkeit vollzieht. Es fehlt bei Dürrenmatt nicht nur die dritte und die vierte Welt, es fehlt auch das Alltägliche, das Kleine, das nur scheinbar klein ist.« (Knopf, S. 106f.)

Nun ist diese Beurteilung nur bedingt zutreffend. Denn sie läßt nicht nur den historischen Ort der Entstehung außer acht – um das Jahr 1960 war man sich der Probleme der »dritten und vierten Welt« kaum ansatzweise bewußt, zudem mußte in der Tat der globale Konflikt der Supermächte alle anderen Fragen in den Hintergrund drängen –, sie übersieht zudem die Grenzen und Möglichkeiten des parabolischen Lehrstückes. Die Atombombe *darzustellen,* ist nicht die Intention des Stückes. Ebensowenig liegt es im Bereich seiner Möglichkeiten, die Frage der nuklearen Bedrohung gültig zu *lösen*. Parabel und Lehrstück vermögen Probleme und Konflikte aufzuzeigen, vielleicht auch Lösungswege anzudeuten. Doch damit sind die Grenzen ihrer Wirkung erreicht. Die Parabel Dürrenmatts von der paradoxen, schlimmstmöglichen Wendung einer »zu Ende gedachten Geschichte« enthält schon in der Schlußbemerkung Möbius' den stärksten Einwand gegen den Vorwurf der ästhetischen Unverbindlichkeit: »Was einmal gedacht wurde, kann nicht mehr zurückgenommen werden.« Der emanzipatorische Anspruch der Parabel liegt darin, den Beschauer zur Konfrontation mit der auf der Bühne gespielten Möglichkeit zu bringen, ihn zur Stellungnahme zu zwingen, daß diese Möglichkeit nicht Wirklichkeit werde. Das Risiko, daß das Lehrstück seine Aufgabe nicht erfüllt, ist dem Autor dabei wohl bewußt:

»Gefahr, ins Leere zu stoßen: Ist die Forderung einmal fallengelassen worden, die Welt des Theaters und die Wirklichkeit müßten übereinstimmen, ist eine neue Freiheit erreicht. Aber auch eine neue Gefahr. Der Vorteil der alten Dramatik lag in ihrer Wirksamkeit; da sie die Welt so sah, wie sie sie darstellte, konnte sie auch unmittelbar Stellung nehmen. Gesellschaftlich orientiert, war sie politisch wirksam (auch die Klassiker). Sie deutete die Welt, und das Publikum will sich die Welt deuten lassen. Die Gefahr einer anders konzipierten Dramatik liegt in ihrem Hang, ins Leere zu stoßen, sich im bloß Ästhetischen oder bloß Geistreichen zu verlieren.« (*Theater-Schriften und Reden,* S. 185)

7. Ist Möbius ein Anti-Galilei?

Die Verwandtschaft der *Physiker*-Thematik mit Brechts Schauspiel in 15 Bildern *Galileo Galilei* (erste Fassung 1938/39, die zweite 1945/46 und die dritte unter dem Titel *Leben des Galilei,* 1955) liegt auf der Hand. In Brechts Stück widerruft Galileo, von der Inquisition bedrängt, seine Entdeckung, daß die Erde sich um die Sonne dreht. Er selbst verbringt den Rest seines Lebens als Gefangener, seine Entdeckungen werden jedoch von seinen Schülern propagiert.

Jeder Vergleich der beiden Texte muß aber zunächst die Unterschiede in den Konzeptionen der verschiedenen *Galileo*-Entwürfe berücksichtigen. Die erste Fassung Brechts – hier wird man des Autors eigene Exilsituation sowie die allgemeine politische Lage vor allem des dritten Reichs zu bedenken haben – läßt den Widerruf als einen relativ plausiblen Ausweg aus Galileis Notsituation erscheinen, zugleich als die einzige Möglichkeit, wissenschaftlich weiter tätig sein zu können, wenn auch im Verborgenen. Brechts späterer »Vorspruch« lautet: »Das Schauspiel ›Leben des Galilei‹ wurde 1938/39 im Exil in Dänemark geschrieben. Die Zeitungen hatten die Nachricht von der Spaltung des Uran-Atoms durch den Physiker Otto Hahn und seine Mitarbeiter gebracht. – « In den folgenden Fassungen verschärft sich das Bild des ›negativen‹ Helden Galilei, damit allerdings tritt stärker der didaktische Anspruch des Stückes hervor, zum ›positiven‹ (und das heißt fortschrittlichen) Denken anzuregen. In Anbetracht aller Unterschiede der einzelnen Fassungen ist das Stück eindeutig geprägt vom ungebrochenen Fortschrittsglauben Brechts, der sich klar in der Zeichnung Galileis niederschlägt. Denn Galilei arbeitet, ungeachtet der erzwungenen Zurücknahme – sei sie nun von Feigheit, Opportunismus oder einem hedonistischen Wissenschaftsbegriff (wie in der zweiten Fassung) diktiert – an seiner Wissenschaft weiter. Denn jene bedeutet für ihn Fortschritt und demnach das Wohl der Menschheit: »Ich halte dafür, daß das einzige Ziel der Wissenschaft darin besteht, die Mühseligkeit der menschlichen Existenz zu erleichtern.« Verrat an der Wissenschaft bedeutet für ihn letztlich Verrat an der Menschheit. Dem ›öffentlichen‹ Verrat steht jedoch das insgeheime Wirken gegenüber; die Anklage, die Brechts ›negativen‹ Helden nicht eindeutig treffen kann, fächert sich auf zur Warnung gegenüber einer Zeit, in der der Physiker seine Erkenntnis widerrufen muß.

Im Angesicht seines Verrats an der Wissenschaft gewinnt Brechts Galilei Züge des tragischen Helden. Sein großer Schlußmonolog der 14. Szene sei hier im Auszug aus der ersten Fassung des Stückes wiedergegeben:

»Wenn Wissenschaftler, eingeschüchtert durch selbstsüchtige Machthaber, sich damit begnügen, Wissen um des Wissens willen aufzuhäufen, kann die Wissenschaft zum Krüppel gemacht werden, und eure neuen Maschinen mögen nur neue Drangsale bedeuten. Ihr mögt mit der Zeit alles entdecken, was es zu entdecken gibt, und euer Fortschritt wird doch nur ein Fortschreiten von der Menschheit weg sein. Die Kluft zwischen euch und ihr kann eines

Tages so groß werden, daß euer Jubelschrei über irgendeine neue Errungenschaft von einem universalen Entsetzensschrei beantwortet werden könnte. – [. . .] Ich habe zudem die Überzeugung gewonnen, Sarti, daß ich niemals in wirklicher Gefahr schwebte. Einige Jahre lang war ich ebenso stark wie die Obrigkeit. Und ich überlieferte mein Wissen den Machthabern, es zu gebrauchen, es nicht zu gebrauchen, es zu mißbrauchen, ganz wie es ihren Zwecken diente. [. . .] Ich habe meinen Beruf verraten.« (Bertolt Brecht: *Gesammelte Werke. Stücke 3.* Frankfurt 1967 = werkausgabe edition suhrkamp, S. 1340 f.)

In der gleichen Nacht des Jahres 1637 jedoch überschreitet Galileis Buch *Discorsi* die italienische Grenze.

Im Gegensatz zu Galilei ist das Wissenschaftsverständnis von Möbius ein von vornherein gebrochenes. Möbius, so darf man schließen, weiß um die Katastrophen von Hiroshima und Nagasaki – eine Erfahrung, die Galilei nicht einmal ahnen und die Brecht erst bei der letzten Fassung seines Stückes verarbeiten konnte. Das Wissen, das Galilei verschweigen mußte, wird dennoch wirksam, zum Wohl der Menschheit. Und hierin, so könnte man vereinfachend sagen, liegt die eigentliche Lehre von Brechts Stück. Entsprechend, aber mit umgekehrten Vorzeichen, ist das Wissen der Atomphysiker längst zur Gefahr geworden, auch wenn sie es noch verschweigen.

Es wäre jedoch zu einfach, den Fortschrittsoptimismus Brechts dem Fortschrittspessimismus Dürrenmatts gegenüberzustellen und den Vergleich der Stücke damit bewenden zu lassen. Als zusätzlicher Faktor verdient Berücksichtigung, daß Möbius als freiwillig Gefangener ja ebenfalls seine Forschungen weiterbetreibt. Damit, so könnte man schließen, bestätigt er gleich Galilei die Autonomie wissenschaftlichen Erkennens, das sich durchsetzen wird, und sei es im Verborgenen und sei es – paradoxerweise – gerade dadurch, daß es der Menschheit vorenthalten wird. Die Endpositionen beider Stücke sind nicht unähnlich, und Möbius' Feststellung »Was einmal gedacht wurde, kann nicht mehr zurückgenommen werden« könnte auch am Ende von Brechts *Galilei* stehen. Der Unterschied zwischen beiden Stücken liegt weniger in ihrer Grundfragestellung als im *Wirklichkeitshintergrund,* aus dem sie entstanden und vor dem sie zu verstehen sind. Brechts *Galilei* wird im Angesicht des Faschismus und vor dem Heraufziehen der Weltkatastrophe geschrieben. Die späteren Revisionen zeigen deutlich, daß der Autor im Hinblick auf eine sich verändernde Welt seine Auffassung des Stückes modifizierte. *Die Physiker* indessen werden zu einem Zeitpunkt konzipiert, wo das einmal Gedachte – die Erkenntnisse der Atomphysik – bereits grauenvoll sich gegen die Menschheit gewendet hatte, wo jede weitere Entwicklung nur eine Wendung zum Schlimmeren bedeuten mußte. Derart scheint es unrichtig – in ahistorischer Gegenüberstellung, die allzu leicht übersieht, daß nicht nur Brecht selbst jahrelang den *Galilei*-Stoff revidierte, sondern daß auch in den mehr als zwanzig Jahren, die zwischen den beiden Stücken liegen, entscheidende geschichtliche Veränderungen eingetreten sind –, die *Physiker* am Maßstab von Brechts Stück messen zu wollen. Dürrenmatts Komödie ist weder ein Anti-Galilei noch notwendig eine Weiterführung der Brechtschen Ausgangsfragestellung. Wenn Galileis Schüler Andrea in der 13. Szene sagt: »Aber es ist alles verändert heute! Der Mensch hebt den Kopf, der gepeinigte, und sagt: ich kann leben. So viel ist gewonnen, wenn nur einer aufsteht und *nein* sagt«, so kann dieser Satz für Dürrenmatt längst keine Gültigkeit mehr besitzen. Die Zeit des individuellen Heldentums und des persönlichen Versagens ist – das wird am Beispiel von Möbius und seiner Physiker-Kollegen deutlich – endgültig vorbei.

8. »Die Physiker« und Kipphardts »In der Sache J. Robert Oppenheimer«

Dürrenmatts Dramaturgie der Komödie als Welttheater intendiert eine grundsätzlich andere Wirkungsstrategie als das dokumentarische Zeitstück. Das wenig später (1962/63) entstandene und am 11. 10. 1964 in der Freien Volksbühne Berlin uraufgeführte Schauspiel in 9 Szenen *In der Sache J. Robert Oppenheimer* von Heinar Kipphardt bietet sich als instruktiver Kontrast an, da es grundsätzlich die gleiche Thematik behandelt.*

Kipphardt verwendet fast durchweg historisch-dokumentatorisches Material, auch wenn er an Stelle der »Worttreue« häufig die »Sinntreue« setzt. Im Zentrum seines Stückes steht der Princeton-Physiker J. R. Oppenheimer, von 1943 bis 1945 Direktor der Laboratorien in Los Alamos und Mitentwickler der Atombombe. Während des Wettrüstens der späten vierziger und frühen fünfziger Jahre verweigerte Oppenheimer eine weitere Beteiligung an der Entwicklung der Wasserstoffbombe aus moralischen Gründen. Er hatte sich deshalb 1954 vor dem Sicherheitsausschuß der Atomenergiekommission der USA zu verantworten, und sein Verhör vor dem Ausschuß wurde in einem 3000 Seiten umfassenden Protokoll niedergeschrieben. Kipphardt gründet sein Stück auf die Durchsicht dieses Quellenmaterials. Im ganzen ist die emanzipatorische Wirkungsstrategie – die das Stück zusammen mit Texten Hochhuths, Peter Weiss' und Hans Helmut Kirsts beispielhaft werden läßt für das zeitgenössische Dokumentardrama – hervorragend angelegt und hat Kipphardts *Oppenheimer* (von dem übrigens auch eine Rundfunk- und eine Fernsehbearbeitung vorliegen) rasch einen Platz im Bühnenrepertoire gesichert.

Anders als bei Dürrenmatt, wo der eigentliche Gewissenskonflikt Möbius' *vor* Beginn des Stückes ausgetragen wird und sich nur kurz – in der Konfrontation mit Kilton, Eisler und der Chefärztin – zur dialektischen Begründung zuspitzt, wird das Dokumentarspiel Kipphardts von der durchgehenden Dialektik einmal innerhalb der Person Oppenheimers selbst und daneben mit der Position seines Kontrahenten Thomas A. Morgan getragen. Morgan vertritt die Position einer – wie er sie nennt – »wertungsfreien« Wissenschaft. Ihm zur Seite steht der Physiker

---

* S. hierzu den ebenfalls in dieser Reihe erschienenen Band »Heinar Kipphardt: In der Sache J. Robert Oppenheimer« von Ferdinand van Ingen (MD-Nr. 6078).

Edward Teller, der diese Position scharf umreißt: »Ich meine, daß Entdeckungen weder gut noch böse sind, weder moralisch noch unmoralisch, sondern nur tatsächlich.« Kipphardt läßt Oppenheimer in seinem Schlußwort die Frage aufwerfen, » ob wir den Geist der Wissenschaft nicht wirklich verraten haben, als wir unsere Forschungsarbeiten den Militärs überließen, ohne an die Folgen zu denken. So finden wir uns in einer Welt, in der die Menschen die Entdeckungen der Gelehrten mit Schrecken studieren, und neue Entdeckungen rufen neue Todesängste bei ihnen hervor.« – Interessant ist übrigens der Umstand, daß Oppenheimer selbst sich von Kipphardts Stück distanzierte.

Wie man sieht, liegen die Unterschiede in der Bearbeitung einer ähnlichen Thematik von Dürrenmatt und Kipphardt nicht nur in der Wahl der dramaturgischen Mittel – hier Ausschnitt aus der durch Deutung pointierten Realität, dort Verfremdung durch die Stilmittel der Komödie –, sondern auch im Ansatzpunkt der Fragestellung selbst. Kipphardt geht es in erster Linie um den Klärungsprozeß, der zu der oben zitierten Frage Oppenheimers führt. Dürrenmatt interessieren die Folgen, da die eigentliche Gewissensfrage schon vor Beginn seines Stückes beantwortet wurde.

9. »Die Physiker« als gesellschaftliche Provokation

In einem seitens der Fragesteller nicht immer gelungenen Gespräch mit Peter André Bloch und Rudolf Bussmann äußerte sich Friedrich Dürrenmatt zur Frage des Gesellschaftsbezuges seiner Werke folgendermaßen:

> »Ich glaube, es gibt überhaupt keine Werke, die nicht gesellschaftsbezogen sind. Jedes Werk eines Schriftstellers ist in erster Linie das Werk eines bestimmten Menschen. Dieser bestimmte Mensch ist auf eine bestimmte Weise erzogen worden, lebt in einer bestimmten Kultur, lebt in einer bestimmten Gesellschaft, und insofern ist jedes Werk eines Schriftstellers, sogar die Belletristik, ein Spiegel der Zeit, in welcher der Schriftsteller lebt.« (*Der Schriftsteller in unserer Zeit,* S. 36)

Auf die Frage nach dem Engagement antwortete Dürrenmatt:

> »Ja. Ich glaube, man kann sich mit keiner Gesellschaft, die existierte, existiert und existieren wird, vollständig identisch erklären, sondern wird gegen sie immer auf irgendeine Weise Stellung beziehen müssen. Die Opposition ist Sache der Dichtkunst, und Opposition braucht die Menschheit, weil es nur im Dialog mit der anderen Meinung ein Weiterentwickeln der Dinge, der Gedanken gibt.« (*Der Schriftsteller in unserer Zeit,* S. 40)

Dürrenmatts politische Position ist die des kritischen, wachen, neuerdings auch des streitbaren Liberalismus. Aus seinen Werken kann jener wenn auch oftmals latent vorhandene gesellschaftskritische Appell ebensowenig herausinterpretiert werden wie eine grundsätzliche Neutralität gegenüber den Ideologien und den machtpolitischen Lagern.

Die gleiche Grundhaltung kritischer Neutralität prägt die *Physiker*. Es wäre verfehlt, aus der Feder Dürrenmatts ein Plädoyer für den Fortschritt der Menschheit im Sinne einer historisch-dialektischen Entwicklung zu erwarten, wie es Brechts *Galilei* unter anderem darstellt. Es wäre ebenso verfehlt anzunehmen, daß er notwendig den Standpunkt Kipphardts teilte, dessen Stück sich ja bewußt um einen amerikanischen Atomphysiker und amerikanische Machtpolitik gruppiert, zu einer Zeit, als das Freund-Feind-Denken gerade in der Bundesrepublik Deutschland sich noch auf einem undifferenzierten Höhepunkt befand. Für Dürrenmatt macht es letztlich wenig Unterschied, von welcher Seite die Menschheit bedroht wird: von dem System Eislers oder Kiltons oder – in letzter, paradoxer, aber keineswegs ausgeschlossener Zuspitzung – dem Macht-Trust der Mathilde von Zahnd. Der Mangel an politischer Parteinahme, so wie er die Physiker-Komödie prägt, ist jedoch nicht zu verwechseln mit einem Fehlen des gesellschaftlichen Engagements. Hier hat die Kritik häufig an der Intention des Stückes vorbeiargumentiert. Denn jenes bedeutet für Dürrenmatt grundsätzlich den Einsatz für die Freiheit des Einzelnen. Mit den *Physikern* antizipiert er (ähnlich wie mit dem späteren Stück *Der Mitmacher*) eine Entwicklung, in der das Individuum durch eine globale Bedrohung zur Wirkungslosigkeit verdammt, ja letzten Endes sogar seiner Gedankenfreiheit beraubt ist. Dem Verlust der Freiheit der Wissenschaftler, so legt das Stück nahe, geht unmittelbar die Versklavung der gesamten Menschheit einher, wenn einmal das Machtkonglomerat der wahnsinnigen Psychiaterin die Zügel in die Hände genommen haben wird. Vor dieser Entwicklung zu warnen, den Zuschauer mit der denkbar düstersten Konsequenz der bestehenden Verhältnisse – und seiner eigenen Indifferenz – zu konfrontieren, ist der Sinn der Tragikomödie. Vom heutigen Standpunkt besehen, erscheint diese Konsequenz weniger zwingend, wenngleich noch immer real. Die Antizipation des Schrecklichen, so wie sie die tragische Konsequenz der Komödie vorspielt, hat sich bislang noch nicht erfüllt: statt des nuklearen Fanals hat sich ein sorgsam moduliertes Gleichgewicht von Zerstörungspotentialen etabliert, mit dem zu leben die Menschheit lernen mußte. Noch immer ist dabei eine »schlimmstmögliche Wendung« denkbar, ein irrer Zufall. Heute mehr denn je hätte man sich auch vor der konkreten Möglichkeit atomarer Erpressung durch private oder öffentliche Organisationen zu fürchten.

Friedensforschung und die wissenschaftliche Bewältigung der Zukunft der Menschheit auf dem immer gedrängteren, immer weiter industriell ausgebeuteten Planeten Erde versuchen behutsam, neue Wege aufzuzeigen auch zur Bannung der atomaren Gefahr. Robert Jungk, der bekannte Zukunftsforscher und der Verfasser des (im Jahre 1977 immerhin in 97 000 Exemplaren veröffentlichten) Buches *Heller als tausend Sonnen*, das ja einen der wesentlichsten Denkanstöße Dürrenmatts darstellte (s. o., S. 26 f.) spricht von einer »neuen Bescheidenheit« im Bewußtsein der Wissenschaftler – man möchte ergänzen: im Bewußtsein der Menschheit –, die eine Überwindung der Politik atomaren Schreckens signalisieren könnte. Er sei hier im Auszug zitiert:

»Die neue Bescheidenheit wuchs wie die unmenschlichen und übermenschlichen Waffen zuerst am Baum der Atomforschung. Denn aus dem Studium der atomaren Welt gewannen die theoretischen Physiker die längst von den Religionen verkündete, nun aber auch wissenschaftlich nachweisbare Erkenntnis von der Begrenztheit menschlichen Beobachtungs- und Urteilsvermögens. So stammt die Atombombe, in deren Gewalt die Maßlosigkeit des modernen Menschen ihren deutlichsten Ausdruck fand, aus der gleichen Wurzel wie die neue, auf kernphysikalischen Daten beruhende Philosophie des Maßes. [...]

Kann die ›neue Bescheidenheit‹, gepaart mit der Wiederanerkennung eines inneren Heilsweges, auf kommende Jahrhunderte einen ähnlich starken Einfluß ausüben wie der nunmehr als verhängnisvoll erkannte Geist der Hybris?

Der Chronist wagt nicht zu prophezeien. Er will nur schildern und damit zu jenem großen Gespräch beitragen, das vielleicht einmal eine Zukunft ohne Furcht vorbereiten kann.« (Robert Jungk: *Heller als tausend Sonnen. Das Schicksal der Atomforscher*. Reinbek 1977 = rororo TB 6629, S. 320)

Aber auch die Hoffnungen der Futurologen auf eine »Zukunft ohne Furcht« sind, wie könnte es anders sein, verhalten.

Und noch immer gibt es keine ›Lösung‹ der atomaren Frage. Der Vorwurf, den Kritiker gegen die *Physiker* erhoben haben, trifft das Stück noch immer – wie zur Zeit seiner Entstehung. Deutlicher muß er allerdings die Verantwortlichen treffen: im Sinne der gesellschaftlichen Provokation, wie sie die Komödie Dürrenmatts erhebt, also die gesamte Menschheit.

VI. „Die Physiker" auf der Bühne: Kritik und Wirkung

1. Zur Aufführungsgeschichte

Die Uraufführung der *Physiker* fand unter der Regie von Kurt Horwitz am 20. Februar 1962 im Schauspielhaus Zürich statt. Das Bühnenbild stammte von Theo Otto, die Darsteller waren: Möbius: Hans Blech; Newton: Gustav Knuth; Einstein: Theo Lingen; Monika: Hanne Hiob; Voß: Fred Tanner. Die Rolle der Mathilde von Zahnd übernahm Therese Giehse, der Dürrenmatt dann in der Druckausgabe das Stück widmete. Die Bühnenanweisungen des ersten Aktes (S. 9–12) stellen eine exakte Dokumentation der Züricher Uraufführung dar, die der Autor selbst offenbar als vorbildlich sah. Sie wurde zum Theatererfolg der Saison.

Es folgten die deutsche Erstaufführung in München (23. 9. 1962), eine denkwürdige Premiere am Berliner Schloßpark-Theater (9. 10. 1962) und in rascher Folge Inszenierungen an praktisch allen Bühnen des deutschen Sprachraums von Essen (September 1962) über die Städtischen Bühnen Dortmund (Oktober 1962), Frankfurt/M. (November 1962) bis Wien. Mit 1598 Aufführungen liegen *Die Physiker* an der Spitze der Aufführungsziffern aller Schauspiele an deutschsprachigen Bühnen während der Spielzeit 1962/63. An zweiter Stelle folgt Frischs *Andorra* mit 934 Aufführungen, während etwa Lessings Lustspiel *Minna von Barnhelm* nur 530 Aufführungen erzielt. – *Die Physiker* haben sich, auch nachdem der erste triumphale Erfolg verklungen war, bis auf den heutigen Tag einen festen Platz im Repertoire vieler deutschsprachiger Theater erhalten. Mit dem *Besuch der alten Dame* und dem *Meteor* zählt das Stück noch immer zu den meistaufgeführten Texten des Autors.

Anstoß zum internationalen Siegeszug wurde die Londoner Inszenierung von Peter Brook in der Übersetzung James Kirkups, die unter dem Titel *The Physicists* ihre Premiere am 9. Januar 1963 im Aldrych Theatre der Royal Shakespeare Company erlebt. Die Londoner Einspielung wurde ebenfalls – bei völlig unterschiedlicher Regie (der Charakter des Kriminalstückes ist beispielsweise viel stärker betont als in der Horwitz-Inszenierung) und Akzentuierung – zum großen Bühnenerfolg. Publikum und Kritik zeigten sich hier allerdings eher von den »Thriller«-Aspekten und der Komik des Stückes – insgesamt von der stark theatralischen Anlage der Adaption – beeindruckt als von seiner geistigen und gesellschaftspolitischen Substanz. Dürrenmatt selbst äußert sich zur Londoner Einspielung in einem Interview mit Martin Esslin folgendermaßen:

»Ich hatte erwartet, Engländer würden wesentlich mehr unterspielen als die Deutschen oder die Schweizer. Aber keineswegs. In manchen Passagen hatten deutsche Inszenierungen mehr Ausdruck, in vielen aber ist die englische leidenschaftlicher und emphatischer. [...] In Peter Brooks Inszenierung ist da sehr viel Bewegung und Geschrei. Übrigens ist die Londoner Aufführung meines Wissens die erste, deren Bühnenbild sich nicht an meine Beschreibung hält.« (Martin Esslin: Dürrenmatt, merciless observer. In: Plays and Players. London 1963; zit. nach der Übers. von Jenny, S. 174)

Zurückhaltender äußerte sich die Kritik nach der New Yorker Broadway-Inszenierung vom 13. Oktober 1964: der intellektuelle Anspruch des Stückes sei im ganzen zu hoch, die Durchführung des Themas weitaus zu komplex oder gar »gekünstelt«. Empfohlen wird der Theaterbesuch lediglich dem intellektuellen Publikum. Hier jedoch – und die Diskrepanz scheint eher typisch für die amerikanische Theaterkritik, deren wertendes Urteil oft erstaunlich niedrig greift in bezug auf Niveau und Anspruch – zeigte sich ein klarer Widerspruch zur Reaktion des Publikums. *Die Physiker* werden zum Publikumserfolg der Saison.

1964 entstand für das Deutsche Fernsehen eine Bearbeitung des Stückes in der Regie von Fritz Umgelter und unter Mitarbeit des Autors. Die Hauptrolle übernahm abermals Therese Giehse. Auch der Fernsehfassung ist der Erfolg nicht versagt geblieben.

Der Aufführung in New York folgten Inszenierungen in allen westlichen und in einigen sozialistischen Ländern. Gerügt wurde dort vor allem das Fehlen eines ideologischen Konzepts, beeindruckt zeigten sich Kritik und Publikum von dem komplexen Aufbau und den theatralischen Aspekten des Stückes. In einer Kritik der rumänischen Erstaufführung von Ion Biberi in der Bukarester Gazeta Literara vom 1. November 1965 läßt sich das folgende Resumée nachlesen:

»Man fragt sich: Wieviel zusätzliche Sensation und Problematik wäre überhaupt notwendig gewesen, um einen erfolgreichen Schlager zu liefern? Alles bewegt sich in dieser Richtung: Sensationelle Aufmachung, persönliche Dramatik, Verbrechen und Probleme, simulierter und verborgener Wahnsinn, Figuren mit unerwarteten Charakterwandlungen, Humor und Sozialsatire. Diese allerdings etwas oberflächlich und knapp. Dann eine Endlösung, die den Zuschauer bestürzt und nichts beweist als die Vergeblichkeit aller Mühe und Anstrengung [...]« (Zit. nach der Übers. von Bänziger, S. 233)

Große Beachtung fand das Schweizer Tournee-Theater, das 1973 mit einer Eigeninszenierung durch den Autor aufwartete. Gerade in der heimatlichen Schweiz gewann Dürrenmatt als Regisseur – wie zuvor mit seinen Shakespeare- und Strindberg-Adaptionen – nur mäßigen Beifall bei der Kritik. Sein Publikum bereitete ihm jedoch vor ausverkauftem Hause Ovationen. Auch im Berliner Theater des Westens (Gastspiele vom 18./19. 11. 1973) war die kritische Reaktion gegenüber Dürrenmatts Eigenregie eher ablehnend. Das Publikum indessen war nach wie vor begeistert.

2. Dokumentation

ZÜRICHER URAUFFÜHRUNG (20. 2. 1962)

. . . kein Zuschauer entzieht sich tiefster Betroffenheit . . . (Irma Voser)

»Friedrich Dürrenmatt ist in seiner jüngsten Komödie ›Die Physiker‹ jenes Anliegens moderner Dramatik überhoben, durch bizarre Einfälle die nüchterne Wirklichkeit zu verfremden. Surrealismen, Schockwirkungen, ungewöhnliche Überraschungen oder wie immer er seine bühnenwirksamsten Effekte bezeichnen mag, in den Gang irgendeines konventionellen Alltags einzublenden und durch die Kontrastwirkung den Zuschauer aufzuwühlen: Seine Geschichte spielt im Irrenhaus, und an solchen Schauplatz knüpfen wir zum vorneherein phantastische Erwartungen. Das Publikum wiegt sich zunächst in der harmlosen Illusion des unbeteiligten Normalen, der einen sensationslüsternen Blick in eine Welt tut, die nie und nimmer seine Welt sei. Aber Dürrenmatt führt seine Geschichte mit unerbittlicher Konsequenz zu einem Ende, welches die Türen dieses Irrenhauses aufsprengt, tödlich gefährdenden Explosivstoff aus den eben noch schützenden Mauern entläßt in eine schutzlos preisgegebene Welt, und kein Zuschauer entzieht sich tiefster Betroffenheit.

Der motivische Aufbau der zwei Akte, welche die klassische Einheit von Zeit und Ort wahren, ist von atemraubenden Inversionen bestimmt: mit eins sind die Verrückten des ersten Aktes im zweiten normal, die scheinbar Vernünftigste des ersten Aktes aber redet im zweiten irre. Bis in kleine Details hinein nimmt der Dichter hartnäckig diese Verkehrungen vor und holt sich daraus tragische Wirkungen in bedeutsamen, komische Wirkungen in unscheinbareren Situationen.

[. . .]

Blickt man auf den Abend zurück, so gewinnt man den Eindruck, ein erstaunliches Werk kennengelernt zu haben. Seine Stärke: die Verdichtung der axiomatisch gesetzten Positionen zu theatralischen Szenen von unmittelbarer mimischer Aussagekraft. Seine Schwäche: die Unausgeglichenheit der beiden Akte. Das Hauptgewicht im Theatralischen wie im Gehaltlichen liegt durchaus am Schluß, so sehr, daß der exponierende erste Teil erst vom Ende her die nötige Verständlichkeit gewinnt. Dies erweist sich im vorliegenden Fall als möglicher Fehler: der Zuschauer wird gleichsam nicht à jour gebracht; unvorbereitet begreift er nicht, weshalb der Mord an Schwester Monika einer innern Notwendigkeit entsprechen soll: er begibt sich eher ratlos in die Pause. Was im ersten Akt geboten wird, ist oft Handwerk, freilich gutes, auf vielfachen Erfahrungen beruhendes Theaterhandwerk, weniger nie. Um so überwältigender bewährt sich Dürrenmatt im zweiten Teil seines Stücks. Eine Folge von Szenen spielt sich vor uns ab, in denen Dämonisches und Groteskes, kühle Argumentation und skurrile Effekte, vordergründige Kreatürlichkeit und beängstigende Spekulationen in reichster Stufung wechseln und ineinandergreifen. Was Dürrenmatt hier aus den Maskierungen gewinnt, wie er etwa das Geigenspiel Einsteins einsetzt, wie er die Positionen fortlaufend vertauscht: das ist nicht nur virtuos, es ist einzigartig.

Vor einigen Wochen war es Max Frisch, heute ist es Friedrich Dürrenmatt, der sich beim Zürcher Schauspielhaus für eine authentische Aufführung seines jüngsten Werkes bedanken darf. Kurt Horwitz hat ›Die Physiker‹ in Zusammenarbeit mit dem Autor ebenso sachkundig wie sorgfältig auf der Bühne realisiert. Das Ergebnis ist eine Darstellung von großer Differenziertheit, welche die Vorzüge ins Licht rückt und selbst mögliche Längen oder Schwächen durch überlegte mimische Theateraktion zu überspielen sucht. Dürrenmatts Komödie ›Die Physiker‹ wird im Theaterleben der Gegenwart Epoche machen.«

(Neue Zürcher Zeitung vom 23. 2. 1962)

Die Physiker im Tollhaus. Dürrenmatts neue Komödie in Zürich uraufgeführt (Siegfried Melchinger)

»Dürrenmatt verdankt den Darstellern seiner drei Physiker viel: nicht weniger verdankt er Therese Giehse, die der buckligen Irrenärztin alle Skurrilität der Groteske gab und doch immer wieder die Zone des Gespenstischen erreichte, oder Hanne Hiob, die ihre Krankenschwester mühelos aus der stillen, selbstgewissen Emotion der Liebe in die Ekstase des Missionarischen steigerte, dem Regisseur Kurt Horwitz, der dem Dialog und der Szenenführung in Teo Ottos gerade noch realistischem und schon leicht gruseligem Bühnenbild den Stil der harten Kontur und die Spannung des Ungewöhnlichen gab, und nicht zuletzt dem Direktor des Züricher Schauspielhauses, Kurt Hirschfeld, der dem Abend schon durch die glänzende Besetzung den Rang eines Ereignisses sicherte.

Dennoch kann nicht verschwiegen werden, daß man im zweiten Akt die Maschine der Spirale knarren hörte. Wenn Dürrenmatt sagt, ein Drama über die Physiker könne nicht den Inhalt der Physik zum Ziel haben, sondern nur deren Auswirkung, diese jedoch gehe alle Menschen an, so muß man ihm entgegenhalten, daß er eben diese Auswirkung nirgends dargestellt hat. Die Tödlichkeit der Gedanken wird nur behauptet. Sie bleibt abstrakt. So hängt der 17. der 21 Punkte: ›Was alle angeht, können nur alle lösen‹, im luftleeren Raum. Er ist, sagen wir es offen, eine Phrase. Die Spirale, in der Dürrenmatt seine Logik hochschraubt, dreht sich nur scheinbar. So wie seine Geschichte das Problem darstellt, geht es vielleicht den ›genialsten Physiker aller Zeiten‹ an. Da wir weder Physiker sind noch Genies, läßt es uns kalt. Wir müssen die Zeitung lesen, um das Schaudern zu spüren. Es sind längst nicht mehr die Physiker, die es verursachen.

War nicht in der Reaktion des Publikums etwas von dieser Nichtbetroffenheit zu spüren? Es wurde so unbekümmert in die Szenen hineingeklatscht. Selbst nach Blechs letztem Abgang blieb das Schweigen der Erschütterung aus. Daß ›Die Physiker‹ als Theaterstück eingeschlagen haben, ist nicht zu bestreiten. Dürrenmatt ist und bleibt der Stärkste, den wir haben. Allein seiner Sprache entzieht sich keiner. So war der stürmische Erfolg doch nicht grundlos. Immer wieder erschien der Dichter unter seinen Helfern und Darstellern. Wie ein Turm stand er im Applaus. Er, als einziger, lächelte nicht.«

(Stuttgarter Zeitung vom 23. 2. 1962)

Dürrenmatt, der Klassiker. »Die Physiker«. Uraufführung in Zürich (Elisabeth Brock-Sulzer)

»[. . .] Dürrenmatt ist hier auf einem neuen Weg, und er ist an einem neuen Ziel angelangt. ›Mein erstes klassisches Stück‹, verhieß er. Einheit des Ortes, Einheit der Zeit, ganz wenige Hauptdarsteller, knappe Sprache, Theater in reinster Form – das hat er wirklich erreicht. Die Handlung des Stücks erfordert genau die Dauer seiner Aufführung. Der Ort der Handlung umschließt diese Handlung wie eine Haut. Noch das letzte Werkelement ist sichtbar bezogen auf das Thema. Wer hätte dem Berner solches zu prophezeien gewagt damals, als er mit seinen apokalyptisch wilden, ausschweifenden ersten Werken sich dem Publikum auf der Bühne stellte? [. . .] Reglos stand er da, ein fester Pol, einer, der zu stehen vermag, zu stehen zu sich und zu seinem Werk, zu stehen auf der Bühne, wo Dichter einen schweren Stand haben. In der Generalprobe des Werks verharrte man schweigend nach dem Fallen des Vorhangs – wahrscheinlich wäre solches Schweigen den ›Physikern‹ angemessener. Aber

unsere undifferenzierte Zeit kennt nun einmal das Schweigen als höchste Form des Beifalls kaum mehr. Das ist schade. Hier hätte man das Recht auf das Schweigen haben sollen.
[...]

Letzthin soll Dürrenmatt im gelösten Gespräch geäußert haben: ›Ich lese sehr wenig. Von neuem eigentlich nur Naturwissenschaftliches. Und dann natürlich die Klassiker, die kenne ich.‹ Natürlich die Klassiker ... Wer darf heute schon den Mut haben zu diesem ›natürlich‹? Dürrenmatt darf es, denn er spricht die Wahrheit. Für seine Schiller-Rede hat er viele Wochen seiner Zeit gegeben, ohne es zu bereuen. Die ›Physiker‹ sind eine andere Frucht seines Umgangs mit den Klassikern. Aber da ist auch die Naturwissenschaft. Da ist diese moderne Physik, die der gewöhnliche Mensch nicht mehr nachzudenken und nachzufühlen vermag und von der der gewöhnliche Mensch, namens Menschheit, von einem Augenblick zum anderen ausgelöscht werden kann. Wegen dieser modernen Physik hat Dürrenmatt nach seinem Geständnis auf den ›Helden‹, auf die ›Tragödie‹ verzichtet: Er ging weg, in die Komödie hinein. ›Uns kommt nur noch die Komödie bei. Unsere Welt hat ebenso zur Groteske geführt wie zur Atombombe, wie ja die apokalyptischen Bilder des Hieronymus Bosch auch grotesk sind.‹ Aber weiter – abermals in den ›Theaterproblemen‹ gesagt: ›Die Welt (die Bühne somit, die diese Welt bedeutet) steht für mich als ein Ungeheures da, als ein Rätsel an Unheil, das hingenommen werden muß, vor dem es jedoch kein Kapitulieren geben darf. Die Welt ist größer denn der Mensch, zwangsläufig nimmt sie so bedrohliche Züge an, die von einem Punkt außerhalb nicht bedrohlich wären, doch habe ich kein Recht und keine Fähigkeit, mich außerhalb zu stellen. Trost in der Dichtung ist oft nur allzu billig, ehrlicher ist es wohl, den menschlichen Blickwinkel beizubehalten ...‹ So kommt Dürrenmatt zu seinem ›tapferen Menschen‹, der den Helden ersetzen soll. Dem tapferen Menschen ist er auch in den ›Physikern‹ treu geblieben. Ein tapferer Mensch war er selber, als er dieses Stück schrieb.

[...] Dürrenmatt hat uns Großes gegeben – in seinen Betreuern und Darstellern wurde ihm Großes gegeben. Er müßte nicht Dürrenmatt sein, wenn er es nicht wüßte.«

(Frankfurter Allgemeine Zeitung vom 26. 2. 1962)

Banalität als Keule. »Die Physiker« von Friedrich Dürrenmatt in Zürich uraufgeführt (Ivan Nagel)

»Dürrenmatt ist ein Autor des Heterogenen, ein Spielzerbrecher. Er lötet zusammen, was nicht zusammengehört, um in der Paradoxie der Form eine Paradoxie des Gehalts sichtbar zu machen. Er will die Rationalität als Wesen des Wahns, den Wahn als Zielpunkt der Rationalität entlarven.
[...]

Noch mehr als die gespenstische Konsequenz des Gehalts beeindruckt in Dürrenmatts neuem Werk die systematische Inkonsequenz der Form. Die Jagd nach dem Heterogenen, die dieser vor Begabung strotzende Dramatiker veranstaltet, endete früher oft in der billigen Willkür der Einfälle und in der gestaltlosen Unordnung des Aufbaus. Diesmal gelingt es ihm aber, das Heterogene selbst zum Prinzip des Zusammenhalts zu machen. Die Stilbrüche, nach denen das Temperament des Autors verlangt, ergeben einen Stil. Die Umdrehung jeder Stimmung und jeder Situation, die sonst als mechanischer Zwang oder gewalttätige Laune wirken mochten, fällt in diesem Stück immer mit einem technisch hervorragenden ›Dreh‹, der ihr Logik und Notwendigkeit verleiht, zusammen. Die ruckartigen ›Drehungen‹ addieren sich lückenlos, bis dann am Ende, wie gesagt, alle Voraussetzungen der Handlung in einem dekorativen Kopfstand erstarren. Die geplante Bewegung des Ganzen ist vollzogen. Die Irren Newton und Einstein haben sich als berühmte Physiker der beiden weltpolitischen Lager entpuppt, die Möbius im Auftrag ihrer heimatlichen Geheimdienste entführen sollten (Stadium 1). Sie haben sich von Möbius bekehren lassen und sich entschlossen, im Interesse der Menschheit das Exil in der Heilanstalt weiter mit ihm zu teilen (Stadium 2), und sie haben, gerade durch die Offenbarung und aufrichtige Verleugnung ihrer ursprünglichen Ziele, sich wie Möbius der verrückten Ärztin ausgeliefert, so daß der Untergang der Menschheit nun wohl nicht mehr aufzuhalten ist (Stadium 3).

So rollt die Handlung ab und überrollt den Zuschauer. Was in einem Augenblick trivial oder geschmacklos klingt (Kabarett, Mordszenen, papierene Diskussionen) wird im nächsten mit verblüffender Vehemenz aufgehoben. Unser Widerstand wird beseitigt, bevor er sich festigen kann. Der Abend schließt als eine Bestätigung von Dürrenmatts extravaganter, einzigartiger Kraft und Originalität. [...]«

(Deutsche Zeitung vom 25. 2. 1962)

Friedrich Dürrenmatts Weltuntergangs-Libretto. Die Uraufführung der »Physiker« im Schauspielhaus Zürich (Joachim Kaiser)

»Banal und exzentrisch, witzig und geschmacklos, sprunghaft und unbeirrbar: So braust Friedrich Dürrenmatts Komödie ›Die Physiker‹ zweieinhalb Stunden lang am Rand jenes Atombombenkraters einher, in dem die Menschheit versinken kann. Dürrenmatt selbst will sein neuestes Werk als ›Satyrspiel‹ verstanden wissen, das ›im Gegensatz zu den Stücken der Alten‹ der Tragödie vorangeht. Ihm gelang ein frappierendes Szenarium, dessen Stärken und Schwächen dem irrsinnigen Objekt, um das es geht, verblüffend angemessen scheinen.

Die Kernspaltung samt ihren möglichen Folgen stellt – ein gutes Jahrzehnt beschwörender Appelle, Leitartikel und Dramatisierungen hat es gelehrt – ein ebenso entsetzliches wie unergiebiges Thema dar. Da wird der kollektive Fortschritt einer angestrengt wettlaufenden Wissenschaft zum klassischen Konfliktdrama zwischen humanem Gewissen und nationaler Pflicht verharmlost; heftig applaudiert und gänzlich unbeachtet verpuffen die Regungen schöner Autorenseelen. Es gibt sogar ehrbare Dramatisierungen der Überlegungen, die den Hiroshimapiloten in ein Kloster führten. Auch sie sind schöngeistig und undramatisch – ganz unabhängig davon, ob der betreffende Pilot tatsächlich ein Kloster aufgesucht oder die leitende Position einer Süßigkeitenfabrik übernommen oder einen aufrüttelnden Briefwechsel geführt hat. Bedenkt man diesen Stand der Dinge und was er den Autoren nahezulegen scheint, dann springt die unbekümmerte – weder rein zynische noch angestrengt humanistische – Originalität des Dürrenmattschen Vorwurfs sogleich ins Auge.

[...]

Es war [...], trotz kaum überbietbarer Besetzung, keineswegs eine unschlagbare Aufführung. Zu diesem gewagten Stück dürfte manchem trotzigen Regisseur noch manches einfallen; zumal was den Wahnsinn und seine Funktion angeht. Natürlich wird es Leute geben, die es eigentlich nicht komisch finden können, daß Krankenschwestern systematisch der Hals umgedreht wird, und die vor Dürrenmatts rüder Effektdramatik feinsinnig zurückschaudern (während sie sich an die Atombomben ganz gut gewöhnt haben). Ganz gewiß ist es auch kein ästhetisch befriedigender Trost, daß die Dramen gleichsam die Absurdität des Weltzustandes einholen müssen, um dem Weltzustande einigermaßen gewachsen zu sein. Aber muß ein Drama nicht – auf jede Gefahr des Mißlingens und der Geschmacklosigkeit hin – seine Möglichkeiten ausspielen? Dürrenmatts Atomstück ist, soviel ich sehe, weitergekommen als irgendein Atomstück vorher. Daß es trotzdem nur ein lustig-skurriles Zeitstück blieb, nur ein Versuch, nur eine Komödie für ein paar Jahre, sollte man ihm nicht vorwerfen. Denn es bezweifelt ja gerade jene ungestörte Ewigkeit, für die es in der Tat nicht geschrieben ist.«

(Süddeutsche Zeitung vom 23. 2. 1962)

Letzter Ernst – dargeboten als Ulk. Friedrich Dürrenmatts »Physiker« uraufgeführt: Gelächter mit Schauder (Friedrich Luft)

»[...]
Klischee verfällt dem Klischee

Dürrenmatt läßt, wie die Boxer sagen, die Deckung fallen. Er schiebt den Paravent der Groteske, hinter dem er sich bisher so geschickt und ambivalent bewegte, beiseite. Sofort verliert das Spiel seinen Rang. Wenn sonst Banales geschickt und komisch aufgepumpt und so als banal durchschaut worden war, jetzt bleibt Dürrenmatt auf der eigenen Ernsthaftigkeit hängen. Was nun in offener Feldschlacht der Mahnung geäußert wird, ist nicht neu. Richtig ist es gewiß. Dürrenmatt, sonst dem Klischee fleißig Hiebe versetzend, verfällt dem Klischee.

Er entwertet seine Moral, indem er plötzlich direkt moralisiert. Er tut es nunmehr ohne die Verkleidung des Ulkes. Und siehe, der Spaß weicht von der Bühne. Aber ernst wird es eigentlich auch nicht. Der Stückschreiber gerät unter sein listiges Niveau.

Noch einmal schlägt er eine Volte des Schreckens. Die drei Physiker werden sich in langer Salbaderrede eins über den Schreckenszustand der durch die Wissenschaft bedrohten Welt. Sie schließen eine Art Pakt. Sie wollen das weltfatale Geheimnis bergen. Da schießt die Gefahr von anderer Seite hervor.

Die bucklige Irrenärztin, die Aufseherin der Wahnsinnigen, ist wahnsinnig und machtrappelig geworden. Sie hat das Spiel der drei unter der Narrenkappe durchschaut. Sie ist im Besitz der Weltuntergangsformel. Sie hat einen Trust aus dem Boden gestampft in luziferischem Machtwahn. Sie stellt die neue Bombe her. Das Schicksal der Welt ruht in ihrer Hand. Jetzt gnade uns Gott! Eine alte Jungfer, geistesgestört, machtbesessen, bucklig und ohne Hemmung, hält das letzte Vernichtungsgeheimnis des Planeten in der Hand.

Die drei Physiker können nichts retten. Sie treten in ihren vorgespielten Wahnsinn zurück. Sie sind wieder Newton, Einstein und König Salomon. Vorhang.

Zu schade, daß der große Ernst des Themas Dürrenmatts Groteske am Ende tötet. Bis zur Pause ist der Spaß perfekt. Später auch noch Passagen, wie er sie nur schreiben kann. Szenen von wahrhaft erschreckender Komik. Ernst, völlig verhängt von sicherem Ulk und Jux. Trotzdem scheint der Ernst, schimmert die Tragik deutlich hindurch.

Dann aber fällt Dürrenmatt selbst in die Fallgruben der Zeit. Das große, wirre Gelächter, das er anstimmen wollte, erstirbt ihm selbst. Das so grandios ausgeworfene Stück Theater vermindert sich, weil Dürrenmatt den Mut zum letzten Übermut doch nicht findet. Das Satyrspiel, das so keck begonnene, schleift am Ende tragisch und direkt. Schade! [...]«

(Die Welt vom 23. 2. 1962)

DEUTSCHE ERSTAUFFÜHRUNG MÜNCHEN (23. 9. 1962)

Dürrenmatts Atomprotest in München. Deutsche Erstaufführung der Komödie »Die Physiker« in den Kammerspielen (Joachim Kaiser)

»Wir leben wahrlich in finsteren Zeiten: Während die wohlmeinenden Aufklärer aller Zungen und Zonen uns noch einzureden versuchen, man dürfe Gefahren oder Katastrophen nicht ›dämonisieren‹, man solle nicht zum Schicksal vernebeln, was doch nur Fehler, Schwäche und Verbrechen sei, entgleitet die wechselseitige H-Bomben-Bedrohung unaufhaltsam jeder vernünftigen Betrachtung. Gewiß, es lassen sich verantwortungsbewußte Dramen oder Aufrufe verfassen, in denen an die sittliche Pflicht der Staatsmänner und Erfinder appelliert wird. Doch solche Beschwörungen sind namenlos ohnmächtig, die Entwicklung vollzieht sich ungeniert, auch wenn die Atomdramen, denen niemand widerspricht, auf Dramaturgenschreibtischen verstauben und die Aufrufe von 116 Personen des öffentlichen Lebens unterzeichnet sind. Dergleichen scheint unangemessen, Logik richtet nichts aus. Nichts anderes ist den verängstigten Menschen geblieben als entweder der Leitartikel, also der flehende moralische Appell an die Mächtigen, oder der zynische Witz, in welchem der Intellekt sich stolz über seine Ohnmacht hinwegsetzt.

Leitartikel und Irrenwitz heißen die schlimmen Extreme. Es spricht für Dürrenmatts Instinkt, daß er eben diese Extreme zum Antiatomstück zusammenzwang. Natürlich gibt es Leute, die damit nicht zurechtkommen, sie können es eigentlich nicht komisch finden, daß weltberühmte Physiker sich zu Agenten machen lassen und gar Krankenschwestern reihenweise erwürgen. Solcher Feinsinn schaudert vor Dürrenmatts rüden Effekten zurück (während er sich an die Existenz zahlreicher H-Bomben gewöhnte). Indessen ist dem Thema schwerlich anders beizukommen.

[...]

Der Beifall – er galt auch *Jörg Zimmermanns* wohlgelungenem Jugendstilbühnenbild – war herzlich, die Spannung trotz schwacher Pausenakklamation groß. Merkwürdigerweise wurde nicht kollektiv gelacht. (Nur aktuelle Anspielungen haben Erfolg; darüber, daß jemand bei Tobler arbeitet, freut sich das Publikum. Siehe Tucholsky: ›Worte, die tags zuvor in der *BZ* gestanden haben, sind komisch. Das Wort ›Aspirin‹ darf in keinem tragischen Satz vorkommen – es wird gelacht.‹) Immer wieder amüsierte sich jemand sozusagen allein; und dann mußte er sich, angesichts ernsthafter Zuschauer und des Atomtods beinahe ein bißchen genieren. Das Stück selbst vertrug die Übersetzung ins ganze Reale nicht gut. Es wirk[t]e etwas vernünftiger, aber auch weniger aufregend als in Zürich. Den vielen Theatern, die es nachspielen wollen, bleibt noch etwas zu entdecken.«

(Süddeutsche Zeitung vom 24. 9. 1962)

BERLINER SCHLOSSPARK-THEATER 1962

Und treiben mit Entsetzen Scherz. Hans Lietzau inszenierte »Die Physiker« von Friedrich Dürrenmatt im Schloßpark-Theater (Walther Karsch)

»Diesmal hat sich Dürrenmatt in seiner eigenen Falle gefangen. Seine drei Physiker, die sich da in eine private Irrenanstalt begeben haben – der eine, Möbius, aus Verantwortung vor der Menschheit, weil er die Formeln zur Beherrschung der Welt und damit zu ihrer Vernichtung gefunden hat, die beiden anderen, weil sie als Geheimagenten konträrer Weltmächte ihm diese Formeln abjagen wollen – diese drei Physiker sperrt Dürrenmatt in das Gefängnis ihrer (das heißt seiner) Vorstellung, schließt es hermetisch gegen die Umwelt ab, so daß am Ende die einzige Irre des Hauses, die Irrenärztin, einen leichten Sieg erringen kann, indem sie den Düpierten verkündet, daß sie die Formeln des Herrn Möbius, der sie verbrannte, längst vor der Verbrennung photokopiert und einen Welttrust zu ihrer Verwertung gegründet hat. Jetzt werden die drei Herren wirklich irre, nachdem sie vorher sich selbst entlarvt haben und auf gutes Zureden des Herrn Möbius so vernünftig beschlossen hatten, weiter die Irren zu spielen.

Weil die Welt heute nicht mehr überschaubar sei, gäbe es auch keine Helden mehr. So etwa Dürrenmatt. Und die Komödie, die klassisch streng gebaute, sei das einzige dramatische Vehikel für ›eine Handlung, die unter Verrückten spielt‹. Doch leider ist Dürrenmatts neuester Bühnenbestseller keine Komödie, sondern ein Mittelding aus Kabarett, Reißer und Leitartikel. Prächtig wie immer, wenn er den Ernst hochputscht und ihn dann in die Komik umkippen läßt; nicht weniger prächtig, wenn die auf die Spitze getriebene Komik in den Ernst umschlägt. Darin ist Dürrenmatt Meister. Wie sich hier aber erweist, ist er darin zu sehr Meister. So sehr nämlich, daß er mit diesem Stilmittel jeder ernsthaften Austragung eines ernsthaften Konfliktes ausweicht.

[...]

Alogik hin – Alogik her. Dürrenmatt nimmt durchaus richtig das Vorrecht der Dramatiker in Anspruch, eingleisige Figuren zu schaffen, die den Gesetzen der Rationalität nicht unterworfen sind. Doch er überzieht die Eingleisigkeit seiner drei Physiker, er hält nicht nur sie, sondern auch uns für Narren. Sein Spaß an der Abstrusität, an der Groteske, der Clownerie schlägt diesmal auf ihn zurück. Was da oben geschieht, wirkt unglaubhaft. Besonders am Ende, als die Irrenärztin sich zur Weltbeherrscherin dank der Formel von Möbius aufschwingt. Das ist nicht mehr als ein Gag, es ist eine Flucht in den Ulk, die Albernheit, eine Flucht vor der geistigen Auseinandersetzung. Denn die hätte jetzt zu beginnen. Das Fräulein Doktor Mathilde von Zahnd spricht es nur aus, und Möbius wiederholt es, daß ein einmal gedachter Gedanke nicht zurückgenommen werden kann. Und ganz bescheiden fügen wir hinzu: Morgen denkt ihn ein anderer und hat nicht die Gewissensskrupel des Herrn Möbius. Da ist Rhodos, da hätte Dürrenmatt springen müssen. Statt dessen entläßt er uns mit drei Kurzmonologen der Herren Newton, Einstein und Möbius, der vorgibt, seine Eingebungen von König Salomo zu haben. Der Thesenverächter Dürrenmatt verkündet hier nur noch Thesen. Der Vorgang vollzieht sich unter der Glasglocke der Irrenanstalt – die Gegenwelt des Alltags ist ausgeschaltet, womit sich Dürrenmatt selbst des Gegenspielers beraubt hat.

[...]

Das Stück, das er hätte schreiben können, ist Dürrenmatt uns schuldig geblieben. [...]«

(Der Tagesspiegel vom 10. 10. 1962)

FRANKFURT 1962

Rollen wie diese ... Dürrenmatts »Physiker«. Zur Frankfurter Inszenierung (Günther Rühle)

»[...] Unsere neue Zustimmung ist nicht schwächer als die erste. Aber kälter. Das Stück ist nicht mehr preisend zu entdecken. Es ist zu bestätigen. Als eine Herausforderung: an die Autoren, die sich bemühen, [...] dieses zentrale Thema unserer Tage zu gewinnen; an unser Theater, dem hier neue komplexe Aufgaben der Darstellung begegnen. Dürrenmatt hat versucht, die paradoxe Situation darzustellen, in die das fortgeschrittenste Wissen, das der Kernphysik, geraten ist. Es gilt uns als Gipfel menschlicher Erkenntnis. Seine Formulierung hat auch die Hinrichtung der Welt möglich gemacht. Was machen die Entdecker, wenn sie Verantwortung für die Welt spüren? Gibt es Bewahrung der Welt vor dem Wissen? Bewahrung des Wissens vor dem Zugriff der Macht? Die Lösung der Frage führt – auf das Theater. Zum Versteckspiel, zur Maskerade. Dürrenmatts Kernphysiker Möbius, der Entdecker der furchtbaren Formel, flüchtet, seine Familie preisgebend, ins Irrenhaus. Er spielt Irrsinn, er fingiert die Heimsuchung durch den Geist Salomos, um das, was er entdeckte, als Produkt des Irrsinns zu diffamieren. Maskerade wird da zu einem moralischen Akt.

Das ist die Umkehrung dessen, was die Bühne bisher gewohnt war. Im Drama Ibsens, bei Sternheim war Entlarvung eine moralische Tat. Hier wird sie unmoralisch. Mehr: ein infernalischer Akt. Zweimal treten Dürrenmatts Figuren aus den Masken heraus. Jede dieser Szenen ist einzigartig. Zuerst sind es die drei Physiker, die sich im Irrenhaus der Frau von Zahnd zusammenfanden, als Irre. Jetzt sehen sie, was sie sind. Vernünftige Menschen. Sie kamen aus verschiedenem Antrieb hierher. Zwei tragen historische Masken, die Einsteins und Newtons: Physiker, die von den Geheimdiensten geschickt sind, Möbius zu belauern. Möbius hat im Irrenhaus die letzten, gefährlichsten Formeln entdeckt. Der Kampf beginnt: maskenlos. Aber Möbius spricht klärende Worte, dann nimmt man die Masken wieder an. Eine Tat der Einsicht: von allen. Verzicht, in die Welt zurückzugehen. Das Irrenhaus bleibt das Versteck des Wissens. Verantwortung ein Stück Theaterei der Welt gegenüber.
[...]

Für den Regisseur Buckwitz ist diese Inszenierung ein wichtiger Schritt zu künftiger Konzentration. Er, der bei Brecht Entfaltung gelernt hat, spielt auch dieses Stück noch breiter, er hebt die ›Mahnworte‹ noch direkter heraus als nötig. Aber er skandiert richtig, er spielt hinter den Gebärden der Komödie das tragische Geschick unserer Welt mit, er gliedert die drei Stufen der Handlung als Stufen des Erschreckens. Er stimuliert feinsinnig den schönen Auftritt von Möbius' Frau mit den Kindern (die vortreffliche Anita Mey) und hätte nur die Spielbewegung der Kinder zu kappen. (Ein Rest seines früheren ›aufgesetzten‹ Stils.) Es ist dies die erste geschlossene Leistung der Frankfurter Saison. Viel und kräftiger Beifall.«

(Frankfurter Allgemeine Zeitung vom 5. 11. 1962)

ESSEN 1962

... Dürrenmatt hat sein bestes Stück geschrieben ... (André Müller)

»[...] Dürrenmatt hat sein bestes Stück geschrieben und genau damit seine Grenzen sichtbar gemacht. Wieder einmal wollte er über Brecht hinaus, über den ›Galilei‹. Brecht verlangte:

der Physiker soll sich darum kümmern, was aus seinen Entdeckungen wird, in welche Hände sie geraten. Der Ausweg bestand hier in der Politisierung des Denkens der Wissenschaftler. Dürrenmatt glaubt beweisen zu können: das nützt auch nichts, die Welt ist gespalten, Wissenschaftler arbeiten hüben und drüben, für vermeintlich ehrliche Ziele, aber die Menschheit ist der Dumme. Das Resultat des politischen Denkens soll vorgeführt werden. Also über Brecht hinaus. Bleibt noch die Möglichkeit, das Wissen zurückzunehmen, aber auch das geht nicht, wie die Komödie beweist, es landet in den Händen von Verrückten. Dürrenmatts Pessimismus – die eigentliche Grundlage seines ganzen Denkens – ist wieder durchgebrochen. Und er hat auch sonst nicht recht. Solange es Blöcke gibt, gibt es auch Wissenschaftler, die dafür arbeiten. Aber das ist nicht das Resultat politischen Denkens, sondern das Resultat aller bisherigen ökonomischen, gesellschaftlichen und politischen Entwicklung. Brecht sah die Aufgabe des Wissenschaftlers darin, politisch mitzuhelfen, eine Gesellschaftsordung zu erreichen, in der die Atombombe gegenstandslos geworden ist. Dürrenmatt gleicht dem Mann, der dann kommt und sagt: das geht doch nie gut, das wird doch nie etwas, da wird alles noch viel schlimmer, dem Mann also, der einer grandiosen Idee gegenüber nur seinen Pessimismus geltend machen kann. Und wo Brecht aus der Realität schöpft, die aristotelischen Formen des Dramas sprengt, um die Realität fassen zu können, geht Dürrenmatt wieder zur aristotelischen Form, zur Einheit von Ort, Zeit und Handlung zurück, dem unentbehrlichen Hilfsmittel aller dramatischen Gestaltungen, die der Wirklichkeit eine fixe Idee gegenüber stellen. [...]«

(Deutsche Volkszeitung vom 19. 10. 1962)

WIEN 1962

... hochwichtiges Zeitstück ... (Friedrich Torberg)

»[...] Seltsamerweise fand das Stück als solches in Wien nur geteilte Aufnahme und mußte sich von durchaus ernstzunehmenden Seiten (wie etwa von der ›*Arbeiter-Zeitung*‹) sogar ganz zünftige Verrisse gefallen lassen. Nun macht sich's ja Dürrenmatt im zweiten Teil wirklich ein bißchen leichter, als es dem ersten entspräche, und die Szene, in der die drei vorgeblich irren Physiker sich und einander als normal entlarven, bekundet in ihrer billigen Gleichsetzung von Ost und West ja wirklich eine Haltung, auf die man hierorts empfindlicher reagiert als anderswo. Aber darum hätte man die komödiantischen und intellektuellen Qualitäten dieses unter allen Umständen hochwichtigen Zeitstücks doch einläßlicher würdigen dürfen, statt sich – wie es zu Wien das liebe Brauchtum ist – hauptsächlich an der Aufführung zu freuen. Das allerdings tat man mit gutem Grund, denn der Regisseur *Kurt Horwitz* hatte aus den Erfahrungen seiner Zürcher und seiner Münchner Inszenierung eine maximal tragfähige Basis gezimmert, auf der eine brillante Schauspielerschar das Stück zur maximalen Wirkung führte, mit Blech als Möbius wieder an der Spitze, mit Paul Hoffmann als ›Newton‹, Josef Meinrad als ›Einstein‹, Alma Seidler als Frl. Dr. von Zahnd und Annemarie Düringer als Schwester Monika. [...]«

(Süddeutsche Zeitung vom 18. 12. 1962)

LONDONER ERSTAUFFÜHRUNG (9. 1. 1963)

... Jene skurrile Unheimlichkeit ... (Hilde Spiel)

»Die ›*Physiker*‹-Aufführung der Stratforder Truppe wird Dürrenmatt endlich gerecht, nachdem sein ›*Besuch einer alten Dame*‹ durch den Eigenwillen des Schauspieler-Ehepaars Lunt nur verfälscht vor das englische Publikum gelangte. Peter Brook, der an der Verniedlichung des Stückes durch diese glatten Broadway-Mimen nicht ganz unschuldig war, inszenierte diesmal mit freierer Hand. Vor dem Iren Cyril Cusack, der die Rolle des Möbius still, schlicht und scharf profiliert als eine Art Brechtschen Galileo spielte, von dem superben Malvolio-Darsteller Michael Hordern als Beutler und von Irene Worth als Dr. von Zahnd wie von dem übrigen Ensemble erhielt er die verständnisvollste Hilfe.

Jene skurrile Unheimlichkeit, mit der Dürrenmatt die Zeitprobleme illustriert, der ständige Wechsel von Komik und Tragik – all dies sind Elemente des größten Dramas, also Shakespeares. Zwischen Goneril und der wahnsinnigen Pseudo-Ärztin liegt nur ein gradueller, kein grundsätzlicher Unterschied an menschlicher Abgründigkeit. Irene Worth, die an anderen Abenden Lears Tochter spielt, vermag die vierhundertfünfzig Jahre zwischen den beiden Frauenfiguren mühelos zu überbrücken. Daß Dürrenmatt sein Ideendrama zuletzt überspitzt, daß die Moralität als Grand Guignol endet, blieb nicht unbemängelt. Trotzdem war London von den ›*Physikern*‹ über alle Maßen angetan. Es ist dies – außer Frischs ›*Brandstiftern*‹ – das einzige deutsche Stück nach dem Kriege, das in London einen wirklichen Erfolg errang.«

(Der Tagesspiegel vom 24. 2. 1963)

NEW YORKER ERSTAUFFÜHRUNG (13. 10. 1964)

Nichts für Low-Brows (Heinz Pächter)

»Das anspruchsvolle New-Yorker Publikum spendet anhaltenden Beifall, und die Kritiker sind einmütig im Lob der Darsteller wie der Regie; aber sie geben Dürrenmatt nur geteilte Zustimmung. Während John Chapman in den ›Daily News‹ und Norman Nadel im ›World Telegram‹ bewundernd sagen, dergleichen Stücke, die ebenso kunstvoll wie gedankentief sind, gebe es selten, finden die Kritiker der links-liberalen ›Post‹ und des Hearst-Blattes ›Journal American‹ Dürrenmatt kompliziert und arrogant, seine Handlung bizarr und willkürlich, seine Erfindung pervers und gekünstelt, die Idee zu verspielt, um dem großen Gegenstand angemessen zu sein. Zwar gesteht der Hearst-Kritiker, daß er zum Schluß ›sehr gerührt‹ gewesen sei; aber da er weiß, daß er für ein anspruchsloseres Publikum schreibt, schließt er mit der Warnung, nur wer an wirklich ernstem Theater interessiert sei, solle das Geld anlegen. Die Leser der ›Times‹ und der ›Herald Tribune‹ gehören vermutlich in diese Klasse von Theaterbesuchern, und ihre ausführlichen Besprechungen sind von ›High-Brows‹, wirklichen Intellektuellen, geschrieben. Aber ach, wenn die ›Low-Brows‹, die Philister, sich schnell darüber einigen können, daß das Stück zwar ein faszinierendes Gaukelspiel, aber eigentlich keine angenehme Unterhaltung ist, so sind die Päpste des ernsten Theaters leider nicht einig, ob das Stück ernst genug ist. Walter Kerr findet in der ›Herald Tribune‹, daß Dürrenmatt viel zu lange braucht, bis er zum Thema kommt, und auch dann den Leser nur mit einem kurzen Dialog *über* das Thema abspeist, ohne es dramatisch in den Personen zu gestalten. Er fragt, ob das barocke Feuerwerk uns nur in Spannung halten soll, um uns auf zwei reichlich dünne und keineswegs originelle Gedanken vorzubereiten, die mit einem großen Teil der Bühnenhandlung nichts zu tun haben. Er findet, wie übrigens die meisten Zuschauer und sogar der sonst hochrühmende Norman Nadel, daß die Schlußszene der Doktorin unmotiviert sei und der Darstellerin oder dem Publikum zu viel zumute. In der ›Times‹ dagegen rühmt Howard Taubman die ›schonungslose Parabel‹, den ›sardonischen Humor‹, die zwingende Bildfolge und das bühnentechnische Geschick des Autors; aber auch er findet die Weisheit Dürrenmatts mehr beherzigenswert als gestaltet und die spielerischen Eingebungen mehr gekünstelt als kunstgerecht.

[...] Trotz der zurückhaltenden Kritiken dürften die Physiker sich am Broadway längere Zeit halten. Denn erstens gilt in den interessierten Kreisen mehr als das Urteil der Kritiker die von Mund zu Mund gehende Empfehlung der Wissenden, und zweitens sind die schauspielerischen Leistungen und das bühnentechnische Feuerwerk derart faszinierend, daß selbst die unwirschen Kritiker zugeben, es sei einer der lohnendsten Theaterabende New Yorks in dieser Saison.«

(Die Weltwoche vom 23. 10. 1964)

FERNSEHFASSUNG (DEUTSCHES FERNSEHEN, NOVEMBER 1964)

... aus der Farce, die bei Dürrenmatt zur Tragödie wird, ist ein Kriminalspiel geworden ... (Wolfgang Paul)

»Seinem Stück ›Die Physiker‹ hat Friedrich Dürrenmatt in der von ihm vorgenommenen Fernsehbearbeitung einen Vorspann beigegeben, der den Zuschauer zum Schauplatz der Ereignisse hinführen soll: Die Mordkommission fährt mit Blaulicht und Sirene durch die Stadt, übers Land, Kühe stellen sich ihr in den Weg, an der herabgelassenen Bahnschranke hält der Konvoi, daneben entsteigt der Bimmelbahn Frau Missionar Rose mit Familie, dann sieht man Mordkommission und Familie Rose im Neubau der Nervenklinik, konfrontiert mit den Insassen. Personal läßt sich nicht sehen. Endlich finden die Beamten den Pavillon, der hier eine altmodische Villa ist, und nun kann die Sache losgehen. Dürrenmatt wollte wohl mit diesem Vorspann darauf hinweisen, daß er die ›Physiker‹ ganz realistisch meint, also unter uns befindlich und nicht in einem imaginären Zustand. Anders ist diese Eselsbrücke, die er dem Fernsehzuschauer baut, nicht zu verstehen. Aber sein Stück hat doch ein eigenes Schwergewicht. Es läßt sich nicht durch diese Zutaten realistisch machen. Der Regisseur Fritz Umgelter versucht es dennoch: die Kameras arbeiten, als sei ein Kriminalfall zu beschreiben, die Schauspieler müssen realistisch wirken. Aus der Farce, die bei Dürrenmatt zur Tragödie wird, ist ein Kriminalspiel geworden. [...] Man kann Dürrenmatt noch so verändern – auch mit Hilfe Dürrenmatts –, die Potenz seiner ›Physiker‹ bleibt groß genug, um Effekthascherei, die hier unnötigerweise dem Stück zugefügt wurde, zu verkraften.«

(Der Tagesspiegel vom 7. 11. 1964)

... der Anfang war verwirrend ...

»[...] Der Anfang war verwirrend. Aus unerfindlichen Gründen, möglicherweise aber, um auch den allzu anspruchslosen Zuschauer zu fesseln, wurde der eigentlichen Handlung eine *Einleitung* vorangestellt, die in ihrer Einfallslosigkeit an einen unterdurchschnittlichen

Kriminalfilm erinnerte: Zwei Polizeiautos rasten durch die Straßen, in halsbrecherischem Tempo und mit heulenden Sirenen, wurden vorübergehend von der höheren Gewalt einer sich im letzten Augenblick senkenden Bahnschranke aufgehalten und erreichten schließlich einen großen Neubau. Es war, wie dem Zuschauer drastisch vor Augen geführt wurde, eine Nervenklinik. In unbegreiflicher Einfalt wandten sich die umherirrenden Polizeibeamten immer wieder an Patienten, bis sie endlich auf die Oberschwester stießen, die erste Gestalt von Dürrenmattschem Zuschnitt; diese führte sie in den Altbau, wo Schwester Irene, das zweite Opfer der Physiker, erdrosselt am Boden lag. Der unnütze Prolog war zu Ende, das Spiel, so wie es der Verfasser für die Bühne geschrieben hatte, konnte beginnen.
[...]
Auffallend war, wie wenig sich der Raum von einer Bühne unterschied: er wies die gleichen Dimensionen auf und ließe sich – nach dem optischen Eindruck – ohne Schwierigkeiten in ein Theater transponieren. Dies ist wohl kein Zufall, sondern ein Hinweis darauf, wie genau das Stück auf die Bedürfnisse der Bühne zugeschnitten ist. Für den Zuschauer ergab sich nur ein wesentlicher Unterschied: er blickte nicht von außen her in einen ›Guckkasten‹, sondern wurde durch die Kamera auf die Bühne gehoben und so optisch stärker in das Geschehen einbezogen. Gleich den Physikern wurde er zum Gefangenen in dem Raum, den die irre Ärztin mit Gittern von der Umwelt abschloß. Gefangen war aber auch die *Kamera*. Ihre Möglichkeiten waren beschränkt: man wechselte die Aufnahmerichtung, die Aufnahmedistanz, umkreiste die am Dialog gerade beteiligten Schauspieler und ließ nichts unversucht, was im Handwerk des Kameramanns üblich ist; dennoch ließ sich auf die Dauer der Eindruck einer gewissen *Einförmigkeit* nicht vermeiden. Die Schuld dafür traf wohl weniger *Rolf Ammon,* der für die Kamera verantwortlich war, als die Beschränkung auf den einzigen Raum, wie sie von Dürrenmatt im übrigen mit guten Gründen vorgeschrieben wird. [...]«

(Neue Zürcher Zeitung vom 7. 11. 1964)

DÜRRENMATT IN EIGENER REGIE. SCHWEIZER TOURNEE-THEATER (1973)

... eine sorgfältige, jedoch mäßige Adaption ... (Irma Voser)

»Vor ausverkauftem Hause spielte das Schweizer Tournee-Theater ›Die Physiker‹ von Dürrenmatt, welche hier vor elf Jahren ihre glanzvolle Uraufführung erlebt haben; das Werk ist seither über alle Bühnen der Welt gegangen.

Der Autor hat das Stück selbst inszeniert, hat es auf seine Spielbarkeit hin noch einmal getestet. Die damalige Aktualität: Dürrenmatts Menetekel an die Adresse der Wissenschafter, mag heute verblaßt sein. Aber jenes aussichtslose Unterfangen, die menschheitsgefährdende Entwicklung der Physik hinanzuhalten, die Ohnmacht des einzelnen Vernünftigen vor der Realität, das alles ist und bleibt verstörend: ›Jeder Versuch eines Einzelnen, für sich zu lösen, was alle angeht, muß scheitern.‹
[...]
Das bittere Fazit steht bei der vorliegenden Wiederaufnahme nicht im Vordergrund; das stoffliche Interesse an der Durchführung einer grotesken Fabel und an den ihr innewohnenden Theatermöglichkeiten überwiegt. Das irregeführte Publikum genießt die Überraschungseffekte eines Kriminalstücks; wer die Komödie schon kennt, mag die minuziös kalkulierten Umkehrungen vom 1. Akt zum 2. Akt als Experiment einer symmetrischen

Konstruktion mit gegenläufigen Strukturen formal reizvoll finden. Alle Zuschauer haben Anteil an den verschiedenen Facettierungen: an grotesken Gruselwirkungen neben Kleinbürgeridyllik, an vernünftigen Diskussionen neben dämonischem Wahnsinn ...

Dürrenmatts Inszenierung ist eher bedächtig und zurückhaltend, ohne groteske Überdrehtheiten; sie hat nicht das Tempo und die elektrisierende Kraft, die doch von einigen dämonischen Szenen ausgehen könnte. Eine gewisse Lauheit läßt vieles harmloser, auf beinah gemütliche Weise skurril erscheinen, was – auf unheimliche Wirkung angelegt – schockieren könnte.

[...]

Die Inszenierung erntete zwar reichen Beifall, der vor allem Charles Regnier auszeichnete, aber sie bleibt hinter Dürrenmatts Partitur zurück: eine sorgfältige, jedoch mäßige Adaption. [...]«

(Neue Zürcher Zeitung vom 16. 3. 1973)

Dürrenmatt minus Dürrenmatt. Gastspiel »Die Physiker«

»›Regie‹, verlautbart Friedrich Dürrenmatt lapidar im Programmheft, ist ›Schauspielerhilfe. Was sie mehr ist, ist Mode‹. Nun, darüber ließe sich streiten. Nicht streiten läßt sich dagegen über eine Regie, die weniger als Schauspielerführung ist. Was dabei herauskommen kann, zeigte im Theater des Westens die szenische Veranschaulichung, die Dürrenmatt selber seiner Menetekel-Komödie ›Die Physiker‹ angetan hat: eine Inszenierung, die an den Rändern ins Provinzielle ausfranst, allenfalls in ihrem Zentrum einigermaßen intakt ist und im ganzen nur einen schwachen Eindruck von der Brisanz des Stückes gibt. [...] In einer Inszenierung, die immer wieder hinter den Möglichkeiten des Stückes zurückbleibt, müssen sich auch die beiden Geheimdienst-Physiker ›Newton‹ und ›Einstein‹ in der Darstellung durch Friedrich Weiss und Walter Fein mit der Rolle korrekter Textillieferanten bescheiden: diesen Physikern traut man kaum die Erfindung des Pulvers, geschweige denn die Erarbeitung der Weltformel zu. Die Formel, auf die diese Tournee-Inszenierung sich bringen ließe, lautet: Dürrenmatt minus Dürrenmatt. Sie bestätigte an zwei Abenden im Grunde nur die alte Erfahrung, daß Autoren selten ihre besten Interpreten sind.«

(Der Tagesspiegel vom 20. 11. 1973)

STUTTGARTER NEUINSZENIERUNG (1975)

... Dürrenmatts effektbewußte Theatralik überwältigt wie am ersten Tag ... (Hans-Dieter Seidel)

»[...] So kräftig und ausdauernd wie diesmal ist schon lange keine Premiere am Charlottenplatz mehr beklatscht worden.

Woraus man ersieht: Dürrenmatts effektbewußte Theatralik überwältigt wie am ersten Tag (›Die Physiker‹ wurden 1962 in Zürich uraufgeführt). Die trügerische Exposition des ersten und das hurtige Entwirrspiel des zweiten Akts gehorchen mustergültig den Gesetzen der Situationskomödie, und Dürrenmatt ficht es wenig an, wenn er auf dem Weg zur schlimmstmöglichen Wendung seiner Geschichte humanitäre und gesellschaftspolitische Erkenntnisse wie lästigen Ballast abwerfen muß. Der Gewissenskonflikt des Physikers, der die Ergebnisse seiner Forschungen nicht mehr verantworten zu können glaubt, erscheint höchstens als Anlaß, niemals aber als Ursache von Dürrenmatts wohlproportioniertem

Mitteilungsdrang. Die spannende, hakenschlagende Komödie ist die Ausrede eines Dramatikers, dem sein gewichtiges, unlösbares Thema Angst vor einer seriöseren Behandlung eingeflößt haben muß.

Ein exzellent ersonnenes und dennoch nutzloses Stück, Wirkung statt Argumentation.[...]«

(Stuttgarter Zeitung vom 23. 4. 1975)

DRESDNER EINSPIELUNG IM STAATSSCHAUSPIELHAUS (1978)

... diese eindringliche, aus dem Geiste humanistischer Verantwortung geschriebene Warnung ... (Lothar Ehrlich)

»[...] Die Schlußworte des Stücks werden vor dem Hintergrund einer radioaktiv verseuchten Landschaft gesprochen, den Zustand nach dem Weltuntergang durch einen Nuklearkrieg andeutend. Damit ist ins szenisch-optische Bild übersetzt, was Dürrenmatt in seinem Stück über die Gefährdung der Welt durch den Mißbrauch umwälzender naturwissenschaftlicher Erkenntnisse vor Augen führen will: die ›schlimmstmögliche Wendung‹ der von ihm erzählten dramatischen Geschichte.

Allerdings sieht Dürrenmatt die Entwicklung nicht ausweglos auf dieses grausige Ende zutreiben. Sein Stück habe nicht den Inhalt der Physik zum Ziele, betont er in den ›21 Punkten zu den ‚Physikern'‹, sondern ihre Auswirkungen – Auswirkungen, die alle Menschen angehen. Und: ›Was alle angeht, können nur alle lösen.‹ Dürrenmatt will mithin durch Darstellung der ›schlimmstmöglichen Wendung‹ die Menschen schrecken, um sie wach zu machen.

Um den menschheitsvernichtenden Mißbrauch seiner Erkenntnisse zu unterbinden, hat sich der geniale Physiker Möbius in Dürrenmatts Stück geisteskrank gestellt und in ein Irrenhaus einliefern lassen. Aus Verantwortung hat er sich die Narrenkappe aufgesetzt; allerdings vergeblich, wie die Handlung zeigt.

Auch Brechts Galilei weiß um die Gefahr, daß der Jubelschrei über eine neue Errungenschaft von einem ›universalen Entsetzensschrei‹ beantwortet werden könnte, wenn sich die Wissenschaft selbstsüchtigen Machthabern ausliefert. Wo aber Dürrenmatt Menschen um sich herum sieht, die sich als Spielball der Macht vorkommen und die dem ›Sinnlosen, dem Hoffnungslosen dieser Welt‹ bestenfalls ihr Nicht-Verzweifeln, ihren moralischen Widerstand entgegensetzen, dort sah Brecht Menschen, ›die sich für Zustände und Vorkommnisse interessieren, denen gegenüber sie etwas tun können‹, sah er die Möglichkeit der Verhinderung einer Weltkatastrophe durch das Bündnis der Wissenschaften mit den Volksmassen.

Tun sich hier prinzipielle Unterschiede zwischen einem sozialistischen und einem bürgerlich-humanistischen Schriftsteller auf, so stehen doch beide in einer Front, wenn es darum geht, vor dem apokalyptischen Ende zu warnen und dagegen alle Kräfte zu mobilisieren. Von hier aus wird Dürrenmatts Stück mit seinem humanistischen Engagement und seinen kritischen Blicken auf die kapitalistische Welt auch für ein sozialistisches Publikum wichtig, das auch idealistische Auffassungen des Autors von den eigenen gesellschaftlichen und politischen Erfahrungen her zu werten vermag. [...]

Der außerordentlich starke Schlußbeifall zeigte, daß es dem Ensemble gelungen ist, Dürrenmatts theatralisch wirkungsvolles, ja brillantes, als Kriminalkomödie verfremdetes Stück, diese eindringliche, aus dem Geiste humanistischer Verantwortung geschriebene Warnung vor der Atomkriegsgefahr als etwas uns unmittelbar Angehendes zu vermitteln.«

(Sächsische Zeitung vom 7. 11. 1978)

LEIPZIGER INSZENIERUNG IM SCHAUSPIELHAUS (1980)

Frage der Verantwortung (Georg Antosch)

»Als 1961 die Komödie ›Die Physiker‹ uraufgeführt worden war, sagte Friedrich Dürrenmatt in einem Interview sein Credo: ›Das Ziel jedes Theaterstückes ist es, mit der Welt zu spielen. Theater ist also, für meine Überzeugung, nicht Wirklichkeit, sondern ein Spiel mit der Wirklichkeit, deren Verwandlung im Theater.‹

Es kann, wie die späte Einstudierung am Leipziger Schauspielhaus beweist, freilich ein makabres Spiel mit der Wirklichkeit sein. Denn an die zerstörerischen Grenzen seiner Wissenschaft geführt, erkennt der geniale Physiker Johann Wilhelm Möbius, daß die Welt vor ihm und seiner Formel nur dann sicher ist, wenn er im Irrenhaus bleibt. Und als ihn seine Krankenschwester als normal erkennt und mit ihm gemeinsam ein neues Leben anfangen möchte, mordet er diesen einzigen Menschen, um nicht die Menschheit morden zu müssen.

Möbius ist nicht einziger Insasse seiner Anstalt. Da existieren zwei Mitpatienten, die sich für Newton und Einstein halten und verrückt spielen, um gefährlicher Vernunft zu dienen: Sie sollen im Auftrag gewisser Geheimdienste Möbius die entscheidende Formel entlocken. Dafür haben sie bereits gemordet – wie sich herausstellt freilich ohne Notwendigkeit. Denn Möbius hat seine Forschungsergebnisse verbrannt. Aber die Irrenärztin hat sie rechtzeitig kopiert und auszuwerten begonnen, die einzige wirklich Kranke in diesem seltsamen Haus. Angesichts solchen Weltgeschehens müssen die drei Physiker in der Anstalt verharren: ›Nur im Irrenhaus sind wir noch frei, nur im Irrenhaus dürfen wir noch denken.‹ Sie schlüpfen für alle Zeiten hinter ihre Maske zurück ...

Westliche Kritiker haben Dürrenmatt vorgeworfen, er verzapfe Nonsens und mache mit solcher Themenwahl die Atombomben-Konjunktur mit. Kollegen unseres Landes vermissen, auf Brechts reifen ›Galilei‹ verweisend, die Verbindlichkeit der politischen Haltung. Mag sein, obwohl es einem Pfarrerssohn wie Friedrich Dürrenmatt doch wohl anstehen kann, den Möbius diese Schlußworte sagen zu lassen: ›Einst war ich unermeßlich reich, weise und gottesfürchtig. Ob meiner Macht erzitterten die Gewaltigen. Aber meine Weisheit zerstörte meine Gottesfurcht, und als ich Gott nicht mehr fürchtete, zerstörte meine Weisheit meinen Reichtum. Nun sind die Städte tot, über die ich regierte, mein Reich leer, das mir anvertraut worden war, eine blauschimmernde Wüste, und irgendwo, um einen kleinen, gelben, namenlosen Stern, kreist, sinnlos, immerzu, die radioaktive Erde. Ich bin Salomo, ich bin Salomo, ich bin der arme König Salomo.‹

Natürlich hat der Dichter die Atombedrohung empfunden und sich – in christlich-humanistischer Sicht – gegen sie gewandt aus der Meinung heraus ›uns kann nur noch die Komödie beikommen‹. Darüber läßt sich's gewiß streiten. Unbestreitbar aber ist, daß ihm ein glänzendes Theaterstück gelungen ist, nachgerade klassisch auf die drei Einheiten von Ort, Zeit und Handlung ausgerichtet, schlagkräftig in den Dialogen, überzeugend in der Dramaturgie, reich im Figurenpersonal, ein Spiel mit der Welt und ihrer Wirklichkeit.

Für den mit Dürrenmatt schon vertrauten Regisseur Hans-Michael Richter waren diese Qualitäten ausschlaggebender als die Fährnisse. Er inszeniert in dem fast zu großflächigen Bühnenbild Axel Pfefferkorns auf das kluge Wort, auf die dankbare Situation, auf den darstellerischen Impetus hin, für mich – ich sah nicht die Premiere, sondern die Aufführung vom 9. Mai – ausgewogen in beiden Akten. Der Komödie wird gegeben, was ihr gebührt, das Kriminalstück folgerichtig aufgebaut und die Frage nach der Verantwortung der Wissenschaft gestellt, trotz anderer und besserer Antworten immer noch aktuell. Möge sich der 20 Jahre nach der Uraufführung wissender gewordene Zuschauer seine eigenen Gedanken darüber machen.

Im Ensemble gibt es Erfreuliches. Zunächst und vor allem ist da der Möbius von Siegfried Worch. Er eröffnet die Rolle beinahe wie ein Traumtänzer, zeigt Realität und Wahn in einem Schwebezustand, spielt dann eindeutig auf ein immer größer und verantwortlicher werdendes Maß von Menschlichkeit hin und nimmt zuletzt, als ihm kein Ausweg bleibt, wieder Zuflucht bei König Salomo. Das hat einen bemerkenswerten Nuancenreichtum im Geistigen wie im Gestischen, das bezeugt Worchs deutlich erkennbares Hineinwachsen ins vor allem komödisch beherrschte Charakterfach.

Sicher ist dafür auch die gute Partnerschaftsbeziehung hilfreich, die dieser Möbius zu den beiden anderen Physikern unterhalten kann. Die loyalen Diener imperialer Machtpolitik, die Einstein und Newton verkörpern, überraschen durch klug gehandhabte Entlarvungstechnik. Wolf Goette, maßvoll und diszipliniert, gibt den Pseudo-Einstein mit den Allüren des Virtuosen, Erich Gerberding den Pseudo-Newton mit einer gewissen Bonhomie. Um so größer die Überraschung, wenn die Biedermänner zu Brandstiftern werden.

Eine der schwierigsten Aufgaben ist die der Irrenärztin von Zahnd, die sich zuletzt selbst als Pflegefall ausweist. Ingeborg Ottmann, bei Dürrenmatt unvergessen als ›alte Dame‹ Zachanassian, geht für meine Begriffe die Rolle mit zu lauter und zu starker Theatralik an, gibt Anomalität zu frühzeitig preis, verschenkt einige Steigerungsmöglichkeiten. Hier wäre weniger womöglich mehr.

Kleine Studien fallen auf durch die Sorgfalt, mit der sie ins große Spiel eingepaßt werden: die lautere Menschlichkeit, die Friederike Raschke der Schwester Monika zumißt, die gemütliche Routine des Kriminalinspektors von Werner Godemann, Eva Mayers souveräne Oberschwester, Georg Solgas brutaler Oberpfleger, auch Werner Hahn und Dorothea Garlin als Ehepaar Rose. Dazu Wolfgang Budde, Immo Zielke, Wolfgang Desch. – Sie alle verhelfen diesem anspruchsvollen Theaterabend dazu, daß es ihm am geistigen und komödiantischen Gelingen nicht fehlt.«

(Die Union. Tageszeitung der CDU vom 14. 5. 1980)

MARBURG 1981

Dürrenmatt und das Rationale (Sabine Heymann)

»Es ist kaum 20 Jahre her, daß Dramatiker noch in der Lage waren, sich solch niedliche Dr.-Mabuse-Monster auszudenken wie das Frl. Dr. Mathilde von Zahnd in Friedrich Dürrenmatts ›Physikern‹. Damit versuchten sie, die gesellschaftlichen Machtstrukturen auf eine griffige Personifikation zu bringen. Das ist nichts anderes als die Gleichsetzung herrschender Zweckrationalität mit dem Irrationalen in Gestalt einer verrückten Irrenärztin (die ursprünglich ein Irrenarzt war, der Autor schrieb die Rolle für Therese Giehse um). Zwar veröffentlichte Dürrenmatt selbst in den sechziger Jahren Erkenntnisse der Art: ›... der heutige Staat ist ... undurchschaubar, anonym, bürokratisch geworden‹ und wählte die Komödie als Dramengattung, die mit Elementen des Grotesken und Paradoxen allein der ungestalteten, im Werden und Umsturz begriffenen Welt gerecht werden könne. Und doch baut er hier von idealistischen Vorstellungen geprägte Verhältnisse.

Diese märchenhaft einfache Gegenüberstellung von Vernunft und Unvernunft führt Aufklärung zu ihrem Ursprung zurück, dem Mythos, ist bemüht, undurchschaubar Gewordenes durchschaubar zu machen. Damit negiert sie die Eigendynamik instrumenteller Vernunft, die in schrecklich konsequenter Rationalität sich durchsetzt.

In Marburg hatten ›Die Physiker‹ in diesen Tagen vor randvollem Hause Premiere und kamen beim jugendlichen Publikum außerordentlich gut an. Das Schauspiel wird zwar spürbar lustvoll, doch ziemlich konventionell vom Blatt gespielt. Vor allem die Kriminalkomödie arbeitet Regisseur Franzjosef Dörner spannungsreich und mit Sinn für Wortwitz und Komik vieler Szenen heraus, wenn auch häufige Übertreibungen, Inszenierungsschnörkel zu ärgerlich plumpen Effekten führen.

Die stark ideologisch befrachteten Dia- und Monologe geraten zäh, vielleicht, weil es auch die Vorlage ist. Das gilt besonders für den Schluß, den die drei Marburger Physiker mehr blaß als resignativ gestalten. [...]

›Der Inhalt der Physik geht die Physiker an, die Auswirkungen alle Menschen‹ und ›Was alle angeht, können nur alle lösen‹ schreibt Dürrenmatt in seinen 21 Punkten zu dem Drama. Solcher Optimismus ist uns heute vergangen, wo die ›einzigen, die dem Jahr 2000 voller Frohsinn entgegenmarschieren, mit der Unbeirrbarkeit von Lemmingen‹, die Technokraten sind (H. M. Enzensberger), und die meisten anderen, angesichts der anonymen Übermacht der Verhältnisse, das Kämpfen aufgegeben haben. Die historische Distanz zwischen dem Stück im Kontext seiner Entstehung (1962) und der Erfahrung der eigenen Machtlosigkeit gegenüber dem Natur und Mensch zerstörenden technischen Fortschritt ist in der Marburger Inszenierung nicht aufgehoben.«

(Frankfurter Rundschau vom 14. 1. 1981)

VII. Literaturverzeichnis

1. Textausgaben

Die Physiker. Zürich: Verlag der Arche 1962.
[In der vorliegenden Arbeit wird nach dieser Einzelausgabe zitiert.]

Komödien II und frühe Stücke. Zürich: Verlag der Arche 1964.

Die Physiker. Edited by *Robert E. Helbling*. New York: Oxford University Press 1965 [maßgebliche kommentierte Auslandsausgabe; die Einleitung wird im Vorangehenden als »Helbling« zitiert].

Die Physiker = Band 7 der Werkausgabe in dreißig Bänden, hg. in Zusammenarbeit mit dem Autor. Zürich: Diogenes Verlag 1980
[die dort wiedergegebene „Endfassung 1980" des Stückes weist gegenüber der Urfassung von 1962 nur geringfügige stilistische und szenische Veränderungen auf. Beide Ausgaben können im Unterricht gleichlaufend benutzt werden, ein Vergleich ist nur von philologischem Interesse und im Hinblick auf die Substanz des Stückes unergiebig].

2. Theoretische Schriften, Essays, Gespräche

Theater-Schriften und Reden, hg. v. *Elisabeth Brock-Sulzer*. Zürich: Verlag der Arche 1966, ^{2}1969 [zit. wird nach der zweiten Auflage].

Dramaturgisches und Kritisches. Theater-Schriften und Reden II, hg. v. *Elisabeth Brock-Sulzer*. Zürich: Verlag der Arche 1972.

Werkstattgespräche mit Schriftstellern, hg. v. *Horst Bienek*. München 1962 [zu Dürrenmatt die Seiten 99–112].

Der Schriftsteller in unserer Zeit. Schweizer Autoren bestimmen ihre Rolle in der Gesellschaft. Eine Dokumentation zu Sprache und Literatur der Gegenwart, hg. v. *Peter André Bloch* und *Edwin Hubacher*. Bern 1972 [zu Dürrenmatt die Seiten 36–50].

Friedrich Dürrenmatt. Gespräch mit *Heinz Ludwig Arnold*. Zürich 1976 [zit. als: »Gespräch«].

Dieter Fringeli: Nachdenken mit und über Friedrich Dürrenmatt. Ein Gespräch. Breitenbach [1978].

3. Gesamtdarstellungen und Sammelbände

Arnold, Armin: Friedrich Dürrenmatt. Berlin 1969, ^{4}1979 = Köpfe des 20. Jahrhunderts 57.

Bänziger, Hans: Frisch und Dürrenmatt. Bern 1960, ^{6}1971 [zit. als: »Bänziger«].

Brock-Sulzer, Elisabeth: Friedrich Dürrenmatt. Stationen seines Werkes. Mit Photos, Zeichnungen, Faksimiles. Zürich 1960, ^{4}1973.

Facetten. Studien zum 60. Geburtstag Friedrich Dürrenmatts, hg. v. *Gerhard P. Knapp* und *Gerd Labroisse*. Bern 1981 [enthält Beiträge von *Armin Arnold, Jan Knopf, Herbert Peter Madler, Werner Schultheis, Peter Spycher, Jiří Stromšík, Timo Tiusanen, Ira Tschimmel, Hans Wagener, Michael Winter* und den Herausgebern].

Friedrich Dürrenmatt. Studien zu seinem Werk, hg. v. *Gerhard P. Knapp*. Heidelberg 1976 = Poesie und Wissenschaft 33. [Die umfassende Sammlung enthält Beiträge des Herausgebers, von *Margret Eifler, Joachim Bark, Everett M. Ellestad, Trudis Elisabeth Reber, Gerwin Marahrens, Renate Usmiani, Peter Spycher, Holger A. Pausch, Amédée A. Scholl, Hans Bänziger und Robert E. Helbling* sowie eine Bibliographie.] [zit. als: »Studien«].

Der unbequeme Dürrenmatt. Mit Beiträgen von *Gottfried Benn, Elisabeth Brock-Sulzer, Fritz Buri, Reinhold Grimm, Hans Mayer* und *Werner Oberle*. Basel 1962 = Theater unserer Zeit 4.

Jenny, Urs: Friedrich Dürrenmatt. Velber bei Hannover 1965, ^{5}1973 = dtv Dramatiker des Welttheaters 6.

Knapp, Gerhard P.: Friedrich Dürrenmatt. Stuttgart 1980 = Sammlung Metzler 196.

Knopf, Jan: Friedrich Dürrenmatt. München ^{3}1980 = Autorenbücher 3 [zit. als: »Knopf«].

Text + Kritik 50/51 (1976): Friedrich Dürrenmatt I [enthält Beiträge von *Heinz Ludwig Arnold, Jan Knopf, Elsbeth Pulver, Hajo Kurzenberger, Norbert Baensch, Marianne Biedermann* und eine Bibliographie von *Winfried Hönes*].

Text + Kritik 56 (1977): Friedrich Dürrenmatt II [enthält Beiträge von *Friedrich Dürrenmatt, Ernst-Peter Wieckenberg, Jean Améry, Anton Krättli, Mona Knapp* und *Gerhard P. Knapp*].

Tiusanen, Timo: Dürrenmatt. A Study in Plays, Prose, Theory. Princeton 1977.

Whitton, Kenneth S.: The Theatre of Friedrich Dürrenmatt. A Study in the Possibility of Freedom. London/Atlantic Highlands, N. J. 1980.

Zu Friedrich Dürrenmatt, hg. v. *Armin Arnold*. Stuttgart 1982 = Literaturwissenschaft – Gesellschaftswissenschaft 60 [enthält Beiträge von *Hans Bänziger, Emil Weber, Josef Schmidt, Jennifer E. Michaels, Dominik Jost, Robert E. Helbling, Gerhard P. Knapp, Ernst Gallati, Rolf Kieser, Renate Usmiani, Ingrid Schuster, Manfred Durzak* und dem Herausgeber].

4. Studien zum modernen Drama, zum Grotesken und größere Monographien zu Dürrenmatt

Charbon, Rémy: Die Naturwissenschaften im modernen deutschen Drama. Zürich 1974 = Zürcher Beiträge zur dt. Literatur- und Geistesgeschichte 41.

Durzak, Manfred: Dürrenmatt, Frisch, Weiss. Deutsches Drama der Gegenwart zwischen Kritik und Utopie. Stuttgart 1972.

Heidsieck, Arnold: Das Groteske und das Absurde im modernen Drama. Stuttgart 1969 = Sprache und Literatur 53.

Jauslin, Christian M.: Friedrich Dürrenmatt. Zur Struktur seiner Dramen. Zürich 1964.

Kayser, Wolfgang: Das Groteske. Seine Gestaltung in Malerei und Dichtung. Oldenburg 1957.

Kesting, Marianne: Das deutsche Drama seit Ende des Zweiten Weltkrieges. In: Die deutsche Literatur der Gegenwart. Aspekte und Tendenzen, hg. v. *Manfred Durzak*. Stuttgart 1971, S. 76–98.

Martini, Fritz: Das Drama der Gegenwart. Göttingen 1959 [zit. als: »Martini«].

Mayer, Hans: Über Friedrich Dürrenmatt und Max Frisch. Pfullingen 1977 [zit. als: »Mayer«].

Motekat, Helmut: Das zeitgenössische deutsche Drama. Einführung und kritische Analyse. Stuttgart 1977 = Sprache und Literatur 90 [zit. als: »Motekat«].

Profitlich, Ulrich: Friedrich Dürrenmatt. Komödienbegriff und Komödienstruktur. Eine Einführung. Stuttgart 1973 = Sprache und Literatur 86 [zit. als: »Profitlich«].

5. *Aufsätze und Essays*

(Auf die oben genannten Sammelbände, vor allem auf die »Studien« und die beiden »Text + Kritik«-Sammlungen sei besonders hingewiesen.)

Allemann, Beda: Die Struktur der Komödie bei Frisch und Dürrenmatt. In: Das deutsche Lustspiel II, hg. v. *Hans Steffen.* Göttingen 1969 = Kleine Vandenhoeck-Reihe 277, S. 200–217.

Arnold, Heinz Ludwig: Theater als Abbild der labyrinthischen Welt. Versuch über den Dramatiker Dürrenmatt. In: Text + Kritik 50/51, Dürrenmatt I, S. 19–29 [zit. als: »Heinz Ludwig Arnold«].

Durzak, Manfred: Die Travestie der Tragödie in Dürrenmatts ‚Der Besuch der alten Dame' und ‚Die Physiker'. In: Der Deutschunterricht 28 (1976), S. 86–96.

Heuer, Fritz: Das Groteske als poetische Kategorie. Überlegungen zu Dürrenmatts Dramaturgie des modernen Theaters. In: Deutsche Vierteljahrsschrift für Literaturwissenschaft und Geistesgeschichte 47 (1973), S. 730–768.

Knapp, Gerhard P.: »Die Physiker«. In: Zu Friedrich Dürrenmatt (vgl. oben Abschnitt 3), S. 97–109.

Knapp, Mona und *Knapp, Gerhard P.:* Recht – Gerechtigkeit – Politik. Zur Genese der Begriffe im Werk Friedrich Dürrenmatts. In: Text + Kritik 56, Dürrenmatt II, S. 23–40 [zit. als: »Knapp«].

Knopf, Jan: Sprachmächtigkeiten. In: Facetten (vgl. oben Abschnitt 3), S. 61–81.

Kügler, Hans: Dichtung und Naturwissenschaft. Einige Reflexionen zum Rollenspiel des Naturwissenschaftlers [...] [zu Brecht, Dürrenmatt, Kipphardt]. In: *H. K.,* Weg und Weglosigkeit. 9 Essays zur Geschichte der deutschen Literatur im 20. Jahrhundert. Heidenheim 1970, S. 209–235.

Kühne, Erich: Satire und groteske Dramatik. Über weltanschauliche und künstlerische Probleme bei Dürrenmatt. In: Weimarer Beiträge 12 (1966), S. 539–565.

Lamberechts, Luc: Das Groteske und das Absurde in Dürrenmatts Dramen. In: Amsterdamer Beiträge zur neueren Germanistik 9 (1979), S. 205–230.

Lehnert, Herbert: Fiktionale Struktur und physikalische Realität in Dürrenmatts ›Die Physiker‹. In: Sprachkunst 1 (1970), S. 318–330.

Madler, Herbert Peter: Dürrenmatts Konzeption des mutigen Menschen. Eine Untersuchung der Bühnenwerke Friedrich Dürrenmatts unter besonderer Berücksichtigung des »Blinden«. In: Schweizer Rundschau 69 (1970), S. 314–325.

Massberg, Uwe von: Der gespaltene Mensch. Vergleichende Interpretation der Physiker-Dramen von Brecht, Dürrenmatt, Zuckmayer und Kipphardt auf der Oberstufe. In: Der Deutschunterricht 17 (6/1965), S. 56–74.

Muschg, Walter: Dürrenmatt und die Physiker. In: Moderna Språk 56 (1962), S. 280–283.

Petersen, Klaus Dietrich: Friedrich Dürrenmatts ›Physiker‹-Komödie. Eine Interpretation für den Deutsch-Unterricht. In: Die pädagogische Provinz 5 (1967), S. 289–302.

Profitlich, Ulrich: Friedrich Dürrenmatt. In: Deutsche Dichter der Gegenwart, hg. v. *Benno von Wiese*. Berlin 1973, S. 258–280.
Profitlich, Ulrich: Der Zufall in den Komödien und Detektivromanen Friedrich Dürrenmatts. In: Zeitschrift für deutsche Philologie 90 (1971), S. 258–280.
Steiner, Jacob: Die Komödie Dürrenmatts. In: Der Deutschunterricht 15 (6/1963), S. 14–24.
Stromšik, Jiří: Apokalypse komisch. In: Facetten (vgl. oben Abschnitt 3), S. 41–59.
Weimar, Karl S.: The Scientist and Society. A Study on Three Modern Plays. In: Modern Language Quarterly 27 (1966), S. 431–448.
Winter , Michael: Friedrich Dürrenmatt – Positionen einer radikalen Aufklärung. In: Facetten (vgl. oben Abschnitt 3), S. 9–39.

6. *Texte zum Problemkreis der Atomphysik*

Compton, Arthur Holly: Die Atombombe und ich. Ein persönlicher Erlebnisbericht. Frankfurt 1958.
Heisenberg, Werner: Der Teil und das Ganze. Gespräche im Umkreis der Atomphysik. München 1969 = dtv 903.
Herbig, Jost: Kettenreaktion. Das Drama der Atomphysiker. München 1976 = dtv 1436.
Jaspers, Karl: Die Atombombe und die Zukunft des Menschen. Politisches Bewußtsein in unserer Zeit. München 1961 = dtv 7.
Jungk, Robert: Heller als tausend Sonnen. Das Schicksal der Atomforscher. Reinbek 1977 = rororo 6629.
Vaterland, Muttersprache. Deutsche Schriftsteller und ihr Staat seit 1945. Ein Nachlesebuch für die Oberstufe, zusammengestellt von *Klaus Wagenbach, Winfried Stephan* und *Michael Krüger*. Berlin 1979 = Quartheft 100 [enthält unter der Rubrik *Der Kampf gegen die Bombe* (S. 139–158) eine Anzahl wichtiger Erklärungen und Manifeste von Schriftstellern und Physikern zur Frage der atomaren Bewaffnung].